Geliebte Luise

Johannes Thiele

Geliebte Luise

Königin von Preußen
Ihr Leben in Bildern

Mit einem Vorwort
von Günter de Bruyn

nicolai

Inhalt

Vorwort *von Günter de Bruyn*

Keine andere preußische Königin ist so intensiv und andauernd geliebt und verehrt worden wie die Königin Luise, und keine wurde so oft porträtiert.

Die Verehrung begann schon, als die Siebzehnjährige als Braut des preußischen Kronprinzen an der Seite ihrer jüngeren Schwester Friederike im Dezember 1793 unter dem Jubel der Berliner in die Residenzstadt einzog, steigerte sich zu ihren Lebzeiten, deren letzte Jahre durch die Niederlage Preußens überschattet wurden, setzte sich fort nach ihrem frühen Tode und erlebte mehr als ein halbes Jahrhundert später im Kaiserreich ihre Hochblüte, und ebenso lange blieb sie auch ein Gegenstand der bildenden Kunst.

Nachdem der Bildhauer Johann Gottfried Schadow die Kronprinzessin und ihre Schwester in der so genannten Prinzessinnengruppe verewigt hatte, versuchten Künstler immer wieder, Luises zur Verehrung verführende Ausstrahlung, die selbst Leute, die ihr nicht wohl wollten, bestätigen mussten, in Gemälden, Statuen, Zeichnungen und Stichen wiederzugeben – mit dem überraschenden Ergebnis, dass keine der Luise genannten Kunstfiguren der anderen gleicht. Das gilt auch für die zu ihren Lebzeiten gemalten Bilder, zu denen die Königin teilweise den Künstlern geduldig gesessen hatte. Und da die vereinzelt überlieferten Auskünfte der Zeitgenossen über die Lebensechtheit der unterschiedlichen Bilder einander widersprechen, muss der Betrachter der vielen in diesem Band gesammelten Abbildungen am Ende zu der Überzeugung kommen, dass er nach wie vor das Aussehen der historischen Luise nicht kennt. Er weiß nicht mehr, als die vielen Beschreibungen in Worten sagen, die von Zeitgenossen überliefert sind.

Da ist immer wieder, besonders auch in den Stimmen der Dichter, von Luises Schönheit und Anmut, ihren blonden Haaren und blauen Augen, ihrer Natürlichkeit und Warmherzigkeit die Rede, die einen Zauber auf jedermann ausübten und denen selbst Napoleon, der sie in seiner Kriegspropaganda geschmäht, verhöhnt und verleumdet hatte, fast erlegen wäre, als er sie 1807 in Tilsit zu einem Vier-Augen-Gespräch traf. Ihre einzigartigen weiblichen und königlichen Vorzüge machte wenige Wochen nach dem Tode Luises ein Kunstkritiker in Heinrich von Kleists »Berliner Abendblätter« in seiner Besprechung der Akademie-Kunstausstellung des Jahres 1810 dafür verantwortlich, dass auf den Luise-Porträts, die dort gezeigt wurden, jeweils eine andere Königin zu sehen war. Ihr ähnlich war, wie er meinte, keines der Bilder, was er darauf zurückführte, dass »diese erhabene und doch so heitere Schönheit, diese lebendige, bewegliche, geistreiche, holdselige Freundlichkeit, der immer neue Liebreiz ihres Wesens neben dem Ausdrucke sinnigen Ernstes und der würdevollen Hoheit« auch von dem bedeutendsten Künstler in einem einzigen Bilde gar nicht wiederzugeben war. Der unzufriedene Kunstkritiker hatte also, so ist anzunehmen, ein von Liebe und Verehrung gewirktes Idealbild der toten Königin vor Augen, dem kein Kunstwerk entsprechen konnte. Und ähnlich ist es später wohl auch noch Millionen ihrer Verehrer ergangen – es sei denn, sie machten sich, wie der Verfasser dieser Zeilen, den Blick Johann Gottfried Schadows zu eigen, erschufen also ihr inneres Luisen-Denkmal nach seinen Vorstellungen, wie er sie uns nicht nur in

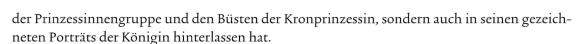

der Prinzessinnengruppe und den Büsten der Kronprinzessin, sondern auch in seinen gezeichneten Porträts der Königin hinterlassen hat.

Neben den bildenden Künstlern waren es vor allem die Dichter, die den Ruhm der im Volk so beliebten Königin schon zu ihren Lebzeiten festigten. An ihrem vierunddreißigsten Geburtstag, dem letzten, den sie erlebte, am 10. März 1810, konnte sie aus den Händen Heinrich von Kleists ein Sonett entgegennehmen, das sie als Hoffnungsträgerin Preußens in den »Schreckenstagen« der Niederlage und der napoleonischen Besetzung feiert und ihr Haupt, wie das einer Heiligen, von »Strahlen umschimmert« sieht. Sie habe, so heißt es in diesem schönsten aller Luisen-Gedichte weiter, »auf jungen Schultern« das Unglück des Landes getragen, und mit der kühnen Metapher, »Wir sahn dich Anmut endlos niederregnen«, wird auf das Bezaubernde ihrer Erscheinung angespielt.

Jean Paul, der ihr persönlich mehrfach begegnen konnte und eine Leserin in ihr hatte, Novalis, der sie schon früh in seinem großen Essay »Glaube und Liebe oder der König und die Königin« verherrlichte, August Wilhelm Schlegel, der das später oft bemühte Wort von der »Königin der Herzen« prägte, Fouqué, Arnim, Schenkendorf, Körner, Rückert und viele andere weniger bedeutende Dichter waren ihre Verehrer und trugen nach ihrem frühen Tode zu ihrer Verklärung bei. Sie war, so wollte es bald die Volksmeinung, nicht an einer physischen Krankheit, sondern an gebrochenem Herzen gestorben; der Kummer über die unglückliche Lage des besiegten, besetzten und durch Gebietsabtretungen verstümmelten Landes hätte sie umgebracht. Friedrich Wilhelm III., der Witwer, machte die Trauer um Luise zu einer staatlichen Sache. Er schuf den Luisen-Orden, der für pädagogische und sozialpflegerische Verdienste verliehen wurde, und als er 1813 das Eiserne Kreuz als Kriegsauszeichnung stiftete, datierte er, um dessen Volksverbundenheit willen, die Stiftungsurkunde auf Luises Geburtstag, den 10. März. Fortan galt das Luisen-Gedenken als Ausdruck der Verbundenheit zwischen König und Untertanen, die preußischen Soldaten konnten in den Befreiungskriegen mit dem Bild ihrer schönen Königin im Herzen fechten, und Marschall Blücher konnte, so will es die Anekdote, bei der Eroberung von Paris 1814 ausrufen, nun sei Luise gerächt.

Zu einer wohlorganisierten, vor allem auch durch die Schulen getragenen Verehrung Luises kam es nach 1871, als ihr zweitältester Sohn Wilhelm deutscher Kaiser geworden war. Nun wurde ihre Gestalt zu einer Art Ursprungsmythos des Deutschen Reiches, wozu auch gut passte, dass sie in ihrer Jugend mit mehreren deutschen Ländern verbunden gewesen war. Sie war eine mecklenburgische Prinzessin, wurde aber in Hannover geboren und hatte ihre Kinder- und Jugendjahre nach dem frühen Tod ihrer Mutter südlich des Mains, in Darmstadt, bei der Großmutter verbracht. Höhepunkte ihrer Verehrung im Kaiserreich waren die Jahre 1876 und 1910, in denen sich ihr Geburts- und Todestag zum hundertsten Mal jährten. Wieder wurden viele Bilder von ihr gemalt, Gedichte ihr zu Ehren verfasst und die meisten der vielen Bücher über ihr Leben geschrieben. Jeder Schüler des Kaiserreiches war vertraut mit den Stationen ihres Lebens, die man anekdotenhaft aufbereitet hatte. Ihre Porträts schmückten die Wohnzimmer. Die Einweihung ihres Denkmals im Berliner Tiergarten wurde als Staatsakt begangen, und der Bildhauer Fritz Schaper schuf die Statue einer stolz schreitenden Luise, die den Prinzen Wilhelm wie das Jesuskind im Arm hält und deshalb auch bald den Namen »Preußische Madonna« erhielt. Dem damals herrschenden Frauenideal folgend, sah man sie als treu sorgende, dem Gatten ergebene, vaterländisch gesinnte, aber nicht in die Politik eingreifende Gattin und Mutter, die sich auch im Elend glänzend bewährte und deshalb etwas Märtyrerhaftes bekam. Als Dulderin, nicht als Kämpferin wurde sie wie eine Heilige gefeiert. Die Darstellungen, die sie zeigten, hatten nichts Kriegerisches. Nie erschien sie geharnischt, wie Borussia oder Germania, immer fürsorglich, liebenswürdig, fraulich und schön. Das höchste Lob, das ihr der Historiker von Treitschke zollte, war die Feststellung, dass sie sich als Königin auf die

Ehefrauen- und Mutterrolle beschränkt hatte und den Staatsgeschäften immer ferngeblieben war. Diese Sicht war sehr einseitig, aber nicht ganz abwegig. Denn die Verehrung Luises zu ihren Lebzeiten hatte zum Teil tatsächlich der Frau gegolten, die mit der sprichwörtlichen Lasterhaftigkeit der Höfe gebrochen und dem beginnenden bürgerlichen Zeitalter bürgerliche Ehetugenden vorgelebt hatte. Nie zuvor hatte auf dem preußischen Thron ein sich liebendes Paar gesessen, das mit den Kindern gemeinsam ein richtiges Familienleben geführt hatte, und nie zuvor war der breiten Öffentlichkeit so viel Einblick in Intimbereiche des Hofes gestattet worden wie in den verbreiteten Stichen, die Luise und ihren Gatten in trautem Zusammenleben mit ihren Söhnen und Töchtern zeigen. Solche Bilder hatten auch Vorbildcharakter, vor allem aber sollten sie den Leuten den Eindruck vermitteln, dass das königliche Paar in der gleichen Gefühls- und Wertewelt wie sie selber lebte; sie förderten also die Anhänglichkeit an das Herrscherhaus. Auch die später veröffentlichten Briefe Luises, die sie von der ganz privaten Seite mit ihrem Gefühlsüberschwang, ihrem Übermut, ihrer Warmherzigkeit und Klugheit, aber auch mit manchen ihrer menschlichen Schwächen zeigten, trugen zur Intensivierung ihrer Verehrung bei.

Seit den wilhelminischen Zeiten hat sich die Auffassung von der Rolle der Frauen entscheidend verändert, und die Luisen-Verehrer, die es auch heute noch gibt und deren Zahl sich, wie es scheint, vermehrt statt vermindert, sind bemüht, die Gestalt der Verehrten für die Gegenwart neu zu entdecken, sich von ihr also ein Bild zu machen, das zu den neuen Idealen der weiblichen Selbstbestimmung nicht im Widerspruch steht. Gesucht wird nicht mehr die edle Dulderin, sondern die Tätige und im Unglück Starke, nicht mehr die dem Manne ergebene Gattin und Mutter, sondern die Frau auf hohem politischen Posten, die sich als autonome Person behauptet und, im Rahmen des ihr Möglichen, auch politisch zu wirken versucht.

Ansatzpunkte für diese veränderte Sichtweise sind bei der historischen Luise durchaus zu finden. Da ist der Anteil, den sie wahrscheinlich an der Durchsetzung der preußischen Reformen hatte, indem sie zwischen dem König und den ihm wesensfremden Reformern immer wieder vermitteln konnte. Da sind ihre, vom Mann nicht geteilten, schöngeistigen Interessen, durch die sie die Verbundenheit zwischen dem preußischen Geist und dem von Weimar verstärken konnte. Und da ist vor allem ihr stetiges Bemühen um die eigene Entwicklung, durch die sie von einer unerfahrenen, vergnügungssüchtigen Braut mit mangelhafter Bildung zur starken Persönlichkeit und pflichtbewussten Königin reifte, die ihrem entscheidungsschwachen Mann in Krisensituationen eine Stütze sein konnte und in Preußens Unglücksjahren eine Hoffnungsträgerin für alle war.

Luises Leben war kurz, ihr Nachruhm aber währt noch immer. Sie war und blieb die beliebteste Königin Preußens. An geistigen Potenzen war ihr die erste preußische Königin, Sophie Charlotte, sicher überlegen, nicht aber an menschlicher Ausstrahlung, durch die sie die Liebe des Volkes gewann. Sie gehörte zu jenen seltenen historischen Gestalten, die nicht durch große Taten Bedeutung erlangten, sondern durch ihr Dasein und ihr Wesen wirkten, weil sie diese zugunsten ihrer Aufgaben einzusetzen verstanden. In der von betont männlichen Idealen bestimmten preußischen Ruhmeshalle war sie eine liebreizende Ausnahme. Die kaum für möglich gehaltene Verbindung von Schönheit und preußischer Pflichterfüllung verkörperte sich in ihr.

Einleitung von Johannes Thiele

S ie war schön, sie war anmutig, und sie hatte Charme – aber diese Eigenschaften waren im fröhlich-sittenlosen Rokoko, in das Luise, Prinzessin von Mecklenburg, hineingeboren wurde, nichts Besonderes. Ihre Schwester, die zwei Jahre jüngere Friederike, schien auf den ersten Blick auch viel verführerischer zu sein als die für den Zeitgeschmack zu schlanke Luise. Der preußische König Friedrich Wilhelm II. lernte die unbedeutende kleine deutsche Prinzessin zusammen mit

ihrer Schwester im Theater in Frankfurt am Main kennen. Der vom Charme der mecklenburgischen Prinzessinnen entzückte königliche Schürzenjäger wünschte nichts Eiligeres, als dass sich seine Söhne, Kronprinz Friedrich Wilhelm und Prinz Ludwig, in die beiden verliebten.

Was auch geschah: »Wir wußten beide sofort und ohne Umschweife, woran wir miteinander waren«, hat Luise nach ihrer ersten Begegnung mit dem preußischen Kronprinzen bekannt, den sie außerordentlich gut, gerade und »erstaunend wahr« fand. Friedrich Wilhelm konnte sein Glück kaum fassen. Dieser unentschlossene, kühle und spröde Mann fühlte sich durch die Nähe des ungewöhnlich schönen, munteren, unterhaltsamen und anregenden Mädchens wie verwandelt.

Der spätere König Friedrich Wilhelm III. hat den Historikern oft Verlegenheiten bereitet, wenn es darum ging, ihn als Herrscherpersönlichkeit darzustellen. Hartmut Boockmann kennt den Grund dafür: »Eingezwängt zwischen die Erinnerungen an die übermächtige Gestalt Friedrichs des Großen und die scharfen Profile eines Stein oder eines Scharnhorst, überschattet zudem von der Königin und noch mehr von ihrer Legende, mußte er als eine blasse Gestalt erscheinen, deren Bestes noch darin lag, daß sie andere, wenn auch zaghaft und unwillig, gewähren ließ.«

Bei Luise trat bald nach der Hochzeit, die sie gemeinsam mit Friederike am Weihnachtsabend des Jahres 1793 mit Jubel, Glanz und Fackeltanz in Berlin feierte, eine große Ernüchterung ein: Als Enttäuschung empfand die Kronprinzessin die Ungeselligkeit ihres so geradlinigen Lebensgefährten; sie wurde trostlos und verzweifelt bei dem Gedanken, mit diesem geistig unbeweglichen Mann auf Gedeih und Verderb verbunden zu sein. Schon in der Zeit der Flitterwochen erschien ihr der feurige Prinz Louis Ferdinand wie ein rettender Fixstern. Der Prinz, berühmt für seine Schulden und seine Liebschaften, traf in diesem seelisch-amourösen Durcheinander, das im Kopf Luises herrschte, auf die Kronprinzessin und ihre Schwester, betörte vor allem und zunächst Luise, die sich tanzwütig über die Enttäuschung ihres sandgrauen Gemahls hinwegzubetäuben suchte und

sich in einen endlosen Wirbel geselliger Vergnügungen am Berliner Hof stürzte. Wie weit es in dieser Zeit zwischen ihr und Prinz Louis Ferdinand gekommen ist, weiß niemand außer den beiden. Sie müssen sich wie ein Traumpaar vorgekommen sein, der draufgängerische Abenteurer und die zunächst unbefriedigte, unglückliche, aber so leidenschaftliche Kronprinzessin.

Anders als ihre Schwester Friederike, die sich dann beinahe stellvertretend für sie auf eine erotische Liaison mit Louis Ferdinand einließ, schien sich Luise schließlich mit einer schwunglosen und schrecklich konventionellen Ehe abzufinden. Doch gewann sie bald einen gewissen Geschmack am ruhigen Glück, am stillen Fluss der Dinge. Es gelang ihr sogar, ihre überschäumende Lust auf Zerstreuung zu bändigen und sich selbst mit der Zeit auf die Freuden und Pflichten des preußischen Familiensinns mit geradezu heiter-biedermeierlicher Gelassenheit einzustellen.

In rascher Folge gebar sie neun Kinder, denen sie eine wunderbare Mutter war. Luise suchte mit beeindruckendem Eifer auch ihre von Haus aus notdürftige Bildung zu vervollkommnen. Sie kam mit der geistigen Welt Weimars in Berührung, mit den kulturellen Strömungen ihrer Zeit. Sie traf mit Schiller, Goethe und Wieland zusammen.

Friedrich Wilhelm III. erwies sich nach dem Tod seines Vaters als ein glückloser Monarch. Er war gewiss keine so starke Persönlichkeit wie Luise, der es leicht fiel, auf Menschen zuzugehen und sie für sich einzunehmen. Doch die Königin hörte nicht auf ihn zu lieben, trotz all seiner ihr nur zu bewussten Unzulänglichkeiten – wenn sie es auch mit der »inneren Treue« in der Ehe nicht immer ganz genau nahm. So brachte sie unter anderem Alexander, dem russischen Zaren, überschwängliche Gefühle entgegen; es war eine Freundschaft, die von der »großen Liebe« wohl nur einen schmalen Grat getrennt blieb und überdies eine herbe Enttäuschung erfahren musste.

Die politischen Ansichten und Wirkungen Luises sind bis auf den heutigen Tag nicht unumstritten. Die Königin war jedoch weder die hitzige Kriegstreiberin, die Preußen in die Katastrophe stürzte, noch die naive und zugleich gefährlich agierende Amateurpolitikerin. Sie hatte ein untrügliches Gespür für die politische Wirkung von Gesten und Symbolen, an denen sie sich berauschen konnte. So soll die theatralische Inszenierung der mitternächtlichen Verbrüderung ihres Gemahls mit dem russischen Zaren am Sarg Friedrich des Großen auf ihre Idee zurückgegangen sein. Doch ihr fehlte jegliche kühl kalkulierende, politisch-strategische Begabung, sie war viel zu heftig von Gefühlen bewegt, zu rasch entflammbar für denjenigen, den sie gerade als den Retter der Stunde ansah.

Am stärksten war sie von Zar Alexander fasziniert, dem sie mit einer solch fiebrigen Liebesbereitschaft entgegentrat, dass Napoleon gleich eine große Affäre witterte und in seinen

Bulletins der Großen Armee Luise als die preußische Helena, die den Krieg entfacht habe, darstellte. Und es war die wohl bitterste Erfahrung ihres Lebens, als die Königin einsehen musste, dass ausgerechnet der von ihr angeschwärmte Alexander Preußen so ziemlich vor die Hunde gehen ließ, um sich noch irgendwie mit Napoleon arrangieren zu können. Unauflöslich verbunden mit dem Schicksal ihres von Napoleon so desaströs besiegten Königreiches, behielt Luise nur mühsam die Nerven, als Preußen im Krieg gegen Frankreich nach den Schlachten von Jena und Auerstedt 1806 zusammenbrach und sie mit ihren Kindern vor den französischen Truppen fliehen musste – bis nach Königsberg und Memel, dem äußersten Zipfel des preußischen Territoriums. Sie fand sich schließlich sogar bereit, dem Sieger, Europas mächtigstem Mann, allein entgegenzutreten und ihn um mildere Friedensbedingungen zu bitten. Es war vergeblich – obwohl Napoleon von Preußens junger Königin, von ihrer strahlenden inneren Unbesiegbarkeit beeindruckt war, musste Luise ihr Scheitern eingestehen: »Es war ein Seelenerguß gegen ein Herz von Bronze.«

Die Königin war durch die fürchterlichen Vorgänge dieser bitteren Jahre für Preußen und nicht zuletzt durch ihre geringen persönlichen Erfolge in der Politik seelisch niedergedrückt. »Ich bin erst dreißig Jahre, aber ich habe mich selbst schon überlebt«, stellte sie in der Verbannung fest.

Doch darf man sie sich nicht als Leidensheldin, als Mater dolorosa ihres Volkes und ihrer Familie vorstellen. Die Zeiten in Paretz, die sie in der unkomplizierten ländlichen Umgebung verbrachte, gehörten zu den glücklichsten Erinnerungen ihres Lebens. Und auch in traurigen Tagen verzichtete sie nicht auf die Vergnügungen des Hofes, sofern man sie fernab von Berlin noch genießen konnte.

Völlig verkehrt wäre es, den frühen Tod Luises mit dem Zusammensturz Preußens in Verbindung zu bringen und diese lebenslustige und meist unbekümmerte Frau gleichsam an gebrochenem Herzen sterben zu lassen. Die feierliche, gekünstelte Haltung, in der sie eine patriotisch-überschwängliche Geschichtsschreibung hat aufbahren wollen, passt nun ganz und gar nicht zu der überbordenden Vitalität, die Luise auch in ihrem letzten Lebensjahr an den Tag legte. Sie starb nicht an einem langen seelischen Leiden, sondern an einer plötzlichen, schnell verlaufenden Lungenentzündung, deren Keim sie sich auf einer Reise nach Neustrelitz geholt hatte. Wohl aber waren ihre körperlichen Widerstandskräfte erschöpft, hat sie gespürt, wie sehr sie sich in den strapaziösen Jahren der Flucht verausgabt hatte, wie »ausgebrannt« sie manchmal war.

»Ich bin tull und varucky«, schrieb die Königin noch in Vorfreude auf ihre letzte Reise zum Vater und zur Großmutter, »ich bin ganz toll und so glücklich, dass ich ordentlich Crampolini kriegen könnte.« Dass sie ihren nahen Tod im Alter von vierunddreißig Jahren nicht im Leisesten geahnt hat, lässt ihr scherzhafter Nachsatz erkennen: »Wir bringen keinen Arzt mit, wenn ich den Hals breche, so klebt ihn mir des Vaters Leibarzt wieder an.«

Bereits wenige Jahre nach ihrem frühen Tod 1810 war ihre Legende perfekt: Die Königin wurde zur anbetungswürdigen Ikone, zur verklärten Lichtgestalt Preußens. In Wahrheit war Luise eine natürlich-ungezwungene, sinnliche Frau, ein schalkhaftes, kindlich-begeisterungsfähiges Geschöpf: »Ich bin dull vor Freude«, schrieb die »tolle Luise, Louise l'étourdie«, die ihrem Mann ganz wunderbare Liebesbriefe schickte, in denen so schöne Stellen vorkommen wie diese: »Gestern habe ich, während Du draußen im bösen Krieg sein mußt, in unserm Palais in Berlin geschlafen. Denke Dir,

ich hatte die Freude, dasselbe Kissen zu finden, auf dem Du gelegen hattest, ich legte meinen Kopf darauf und habe recht friedlich geschlafen, aber nicht auf dem Bette, das wäre mir zu schmerzlich gewesen, sondern auf dem Kanapee. Ich bin deshalb auch nicht in Deine Zimmer heruntergegangen, wo wir noch in den letzten Tagen so glücklich waren.« Die Ehe mit ihrem langweiligen, mürrischen Gemahl muss nicht ganz so reizlos gewesen sein, sonst wäre sie kaum imstande gewesen, solche bezaubernden Zeilen an ihn zu richten.

Nicht nur auf ihren Gemahl, auch auf ihre Zeitgenossen hat Luise mit ihrem natürlichen Charme, ihrer aufregenden Figur und ihren hanfblonden lockigen Haaren eine betörende Wirkung ausgeübt. Den viel besprochenen Glanz ihrer blauen Augen hat leider keines ihrer unzähligen Bildnisse wiederzugeben vermocht.

Es ist daher kein Wunder, dass auch der junge russische Kaiser Alexander I. von ihr hingerissen war. Ähnlich ging es sämtlichen Gesandten, wenn sie das erste Mal von der schönen Königin in Audienz empfangen wurden. Manche waren von ihrer Erscheinung dermaßen überrascht, dass sie im ersten Augenblick vor Verwirrung kein einziges Wort herausbrachten, obwohl diese Herren sonst genügend Weltgewandtheit besaßen und nicht auf den Mund gefallen waren. Und wenn Luise dann mit ihrer melodischen Stimme zu ihnen sprach, waren sie ihrer verführerischen Ausstrahlung erlegen. Louis Philippe Graf Ségur, der Adjutant Napoleons, wurde von ihr im Jahr 1803 empfangen. Er fand kaum Worte, den Eindruck zu schildern, den diese Frau auf ihn machte, die er halb hingestreckt auf einem Sofa liegen sah. Vor allem aber fesselte ihn der Klang ihrer Stimme: »Es lag eine so harmonische Weichheit darin, in ihren Worten etwas so Liebenswürdiges, so rührend Hinreißendes … daß ich einige Augenblicke völlig betroffen war und mich einem jener Wesen gegenüber glaubte, deren entzückende und bezaubernde Bilder in den alten Fabeln geschildert werden.« Diese Fähigkeit zur Bezauberung und Betörung, der gegenüber ungezählte Adlige, Politiker, Maler, Dichter wehrlos schienen, erschließt sich auch über die Distanz von zwei Jahrhunderten hinweg. Der Kult um Luise – »ähnlich der katholischen Heiligenverehrung« (Günter de Bruyn) – ist mit der Generation ihrer Verehrer keineswegs ausgestorben, wenn er auch lange nicht mehr so dynamisch und tränentreibend ist wie im neunzehnten und auch noch im frühen zwanzigsten Jahrhundert.

Warum Luise noch heute zu den großen mythischen Figuren der deutschen Geschichte gehört, ist nicht leicht zu erklären. Günter de Bruyn hat einige der Ingredienzien dieses »preußischen Ursprungsmythos« destilliert: ihre Schönheit, Anmut und Jugendlichkeit, ihre Wertschätzung bürgerlicher Tugenden, ihre innere Unabhängigkeit und Natürlichkeit, ihre Wärme und Menschlichkeit. Luise entsprach zweifellos dem preußischen Bedürfnis nach einer weiblichen Lichtgestalt, nach einer angeschwärmten Heroine, auf deren Bild alle Sehnsüchte, alle Ängste, alle Wünsche nach Grandiosität projiziert werden konnten. Auch nach dem Untergang Preußens, nach dem Ende des Kaiserreichs war die Erinnerung an Luise noch immer von ungebrochener Vitalität: In ihr manifestierte sich das gute,

das anständige, das ungebeugte und unbesiegbare Preußen. Selbst der realsozialistische Blick, den Jan van Flocken 1989 – in den letzten Momenten der untergehenden DDR – auf Luise richtete, entdeckte in ihr durchweg Positives: »Luise zeigte sich aufgeschlossen für vieles Neue, sie besaß Patriotismus, Verantwortungsbewußtsein und nicht zuletzt auch persönlichen Mut. Sie war oder besser gesagt wurde eine Persönlichkeit auf dem Thron, welche auf die preußische und auch auf die deutsche Geschichte Einfluß nehmen konnte. Sie sprengte Fesseln ihrer gesellschaftlichen Herkunft.« Luise habe den Aufbruch der Französischen Revolution »sehr wohl empfunden und etwas von dem begriffen, was sich in Europa verändert hatte. Gesellschaftspolitischer Weitblick ist ihr nicht abzusprechen ...«

Doch die Idealisierung der preußischen Königin – kristallisiert im Luisenkult, in Legenden- und Mythenbildung, in ungehemmter Verklärungsbereitschaft – verdankt sich keineswegs ihrer gesellschaftlichen oder historischen Bedeutung. Sie setzte früh ein, bereits kurz nach ihrem Tod. Als eine Hauptverantwortliche dürfen wir Caroline von Berg ansehen, die das Bild, wie die Königin in Erinnerung behalten wird, maßgeblich beeinflusst, ja festgelegt hat. Sie zeichnete das Bild des patriotischen Engels: »Sei und bleibe Deinem Volk ein leitender und leuchtender Stern durch die ferne Nacht der Zeiten, welche unserem Auge noch verhüllt sind; und führe das Gute herbei.«

Paul Bailleu, der als erster ein intensives Quellenstudium betreiben konnte, war von der politischen Bedeutung seiner Heldin überzeugt: »So schloß sich gleichsam über dem Sarge der Königin der Bund, der alle Wechselfälle der nächsten Jahre überdauerte und die Grundlage für das neue Preußen schuf.« Darüber hinaus war gerade seine Biographie, die er 1910 auf der Grundlage von Briefen und Aufzeichnungen herausgab, ein Beleg für die pädagogischen Intentionen hinter der Idealisierung Luises zur Kultfigur: »Luise ist preußischen Mädchen und Frauen ein Vorbild in allen Tugenden des deutschen Weibes geworden, und sie wird es bleiben, solange man ihren Namen nennt.«

Auch Karl Griewank, der Herausgeber ihrer Briefe, hob noch 1943 das politische Engagement der Königin hervor, nicht frei von ideologischer Vereinnahmung: »Es ist das Bild einer wesenhaft deutschen Frau, die mit warmem Herzen und untrüglichem Gewissen entscheidende Zeiten deutscher Geschichte miterlebte und Kräfte der deutschen Volks- und Staatsgemeinschaft, die damals neu hervortraten, in sich verkörpert hat.«

Wie anders wurde Luise von ihrem Gemahl Friedrich Wilhelm III. gesehen. In seinen im Oktober 1810 eigenhändig niedergeschriebenen Erinnerungen heißt es: »Viele Menschen haben in dem Wahn gestanden, als ob meine Frau einen bestimmten Einfluß auf die Regierungsgeschichte gehabt hätte ... Sie hatte eine besondere Neigung für politische Gespräche, in denen sich freilich oft Leidenschaftlichkeit mischte, besonders in der Kriegsperiode.« Er kritisierte, auf sie sei jedoch »auf so mannigfaltige Weise« eingewirkt worden, »daß sie öfter fremde Ansichten für ihre eigenen hielt.« Besonders scharfe Worte der Kritik fand der König für Caroline von Berg: »Es war eine gefährliche Frau in ihrem Gemisch von Enthusiasmus und hoher Poesie mit Trivialität«, die »manches Übel gestiftet« habe.

Gleichwohl stritt auch Friedrich Wilhelm Luises öffentliche, wenn nicht politische Wirkung keineswegs ab: »Mit welcher Aufopferung ihrer Gefühle sie öffentlich auftrat, wenn es sein mußte«, schrieb er, »mit welcher Grazie und Würde sie Napoleon in Tilsit empfing, muß man gesehen haben.«

Also, sehen wir selbst ...

Das ungebrochen starke Interesse an Luise wird nicht zuletzt, vielleicht sogar vor allem durch Bilder am Leben gehalten. Daher entsteht in diesem Buch in zahlreichen Facetten und Illuminationen die umfassende, leuchtende Vision jener unvergesslich-legendären Luise von Preußen. Die hier erstmals in sinnlicher Opulenz inszenierten Bilder erlauben es, die Königin, ihre Welt, die Menschen in ihrer Umgebung, Landschaften und Orte mit neuen Augen zu sehen – indem es uns an dem teilhaben lässt, was Luise mit ihren Augen gesehen hat.

Kindheit und Jugend

*Der Zauber ihrer anmutigen Persönlichkeit, dem sich niemand entzog
und niemand entziehen konnte, lag doch nicht so sehr in ihrer äußeren Erscheinung:
Er strömte aus ihrem Innern, dessen schöne sanfte Harmonie ihre Bewegungen beseelte
und in ihren Worten wiederklang. Über ihrem Wesen lagen keine Schleier, keine Rätsel;
auf ihrem Antlitz las man keine Herzenskämpfe, sondern den tiefen Frieden einer unbefangenen
reinen Seele und das warme Glück eines Herzens,
das sich selbst froh und glücklich fühlt und alle froh und glücklich machen möchte.*

Paul Bailleu

Die kleine Prinzessin

Accouchée pour la 6ème fois,
à 7 heure du matin, d'une 4me fille.

Prinzessin Friederike, Luises Mutter, Tagebucheintrag vom 10. März 1776

Am 10. März 1776 wurde Luise in Hannover im Palais an der Leinestraße als sechstes Kind von Prinz Karl von Mecklenburg-Strelitz und Prinzessin Friederike von Hessen-Darmstadt geboren. Ihr Vater, Prinz Karl, war der zweite Sohn des regierenden Hauses von Mecklenburg-Strelitz. Da sein Bruder, Herzog Adolf Friedrich IV., unverheiratet und kinderlos blieb, kam Karl als Herzog im Jahr 1794 an die Regierung. Zur Zeit der Geburt seiner kleinen Tochter Luise hatte er den Oberbefehl über die hannoverschen Truppen inne und war Generalgouverneur von Hannover. Der englische König, in Personalunion auch Kurfürst von Hannover, hatte ihn aus politischem Kalkül schon als Kind zum Hauptmann eines Regiments ernannt. Die traditionell engen Beziehungen zwischen England und Mecklenburg konnten so gefestigt werden – ein Ziel, dem auch die Heirat von Karls Schwester Charlotte mit König Georg III. von England diente.

Im Jahr 1768 hatte sich Prinz Karl mit Prinzessin Friederike von Hessen-Darmstadt vermählt – es war eine Liebesheirat. Das Paar führte eine überaus glückliche Ehe. Von den zehn Kindern, die Friederike zur Welt brachte, überlebten jedoch nur die vier Schwestern Charlotte, Therese, Luise und Friederike sowie der jüngste Sohn Georg. Über die frühe Kindheit der Prinzessin Luise sind nur wenige Details bekannt. Eine Tragödie bedeutete für sie der frühe Tod ihrer Mutter, die 1782, im Alter von nicht einmal dreißig Jahren, im Wochenbett starb.

Kinderbildnis von Luise

Das Palais in der Leinestraße zu Hannover,
Geburtshaus der Königin Luise

Prinz George Wilhelm von Hessen-Darmstadt und seine Gemahlin Marie, die mütterlichen Großeltern Luises

Luises Vater: Prinz Karl von Mecklenburg-Strelitz

Luises Mutter: Prinzessin Friederike von Hessen-Darmstadt (auf dem Bild ein Porträt der kleinen Luise)

Heute am 22. Mai ist meine liebe erste Mama
im Jahre 1782 gestorben, ein Verlust für mich,
der stets in meinem Herzen eingegraben sein wird.
Möge der Himmel sie belohnen, so sehr, wie sie es verdient.

Prinzessin Luise, Eintragung in ihrem Erbauungsbuch am 22. Mai 1790

Anno 1776. Tauftag: Mensis Martius 25. – Namen des Kindes: Louisa Augusta Wilhelmina Amalia. – Namen der Eltern: Sr. Durchl. Prinzen Carls zu Mecklenburg-Strelitz und Friederica Carolina Louisa, Durchl. Prinzessin von Hessen-Darmstadt, junge Prinzessin, geb. am 10. Mart. Morgens 7 Uhr. – Namen der Gevattern: Die hohen Tauf-Pathen waren: 1. Prinzeß Charlotte von Hessen-Darmstadt, 2. Groß-Fürstin von Rußland, 3. Erbprinzessin von Braunschweig, 4. Prinzeß Royal von Engelland, 5. Erb-Prinzessin von Schwerin-Mecklenburg, 6. Mark-Gräfin von Baden-Durlach, 7. Fürstin von Oeringen. – Deren Stelle haben vertreten: 1. Prinzeß Charlotte in Hocheigener Persohn, 2. Fr. Geheime Räthin von Bremern, 3. Fr. Ober-Kammer-Herrin von Löwen, 4. Fr. Prämie-Ministerin von Münchhausen, 5. Fr. von Polenz.

Eintrag im Kirchenbuch der Garnisonkirche in Hannover

Paradies mit Schattenseiten

Luises Großmutter: Prinzessin Marie
Luise Albertine von Hessen-Darmstadt,
genannt »Prinzessin George«

Luises Stiefmutter: Charlotte,
Prinzessin von Hessen-Darmstadt,
zweite Gemahlin des Herzogs Karl
und Schwester von Friederike,
Luises Mutter

Luises Onkel: Prinz Georg von
Hessen-Darmstadt, Sohn des
Prinzen George Wilhelm und
Bruder von Friederike und
Charlotte

Nach dem Tod seiner Frau heiratete Prinz Karl 1784 die Schwester der Verstorbenen, Prinzessin Charlotte. Aber auch die zweite Gemahlin starb früh, nur ein Jahr später, nach der Geburt ihres Sohnes Karl. Der Vater nahm daraufhin seinen Abschied von Hannover und suchte auf Reisen Trost und Vergessen. Seine älteste Tochter Charlotte war ein Jahr zuvor mit dem Herzog Friedrich von Sachsen-Hildburghausen vermählt worden und hatte das Elternhaus zu dieser Zeit schon verlassen. Die beiden Söhne Georg und Karl ließ der Prinz zunächst in Hannover; Luise und ihre beiden Schwestern Therese und Friederike vertraute er für die nächsten acht Jahre seiner Schwiegermutter, der damals fast sechzigjährigen, verwitweten Prinzessin »George« (wie sie nach dem Tod ihres Gemahls genannt wurde) an. Die rüstige und unkomplizierte Großmutter Marie sorgte in dem am Markt in Darmstadt gelegenen Alten Palais voller Liebe und Aufmerksamkeit für ihre Enkelinnen, sodass Luise in einer heiteren und glücklichen Umgebung aufwachsen konnte.

Das Leben mit der Großmutter war von bürgerlicher Schlichtheit ohne jegliches höfisches Zeremoniell. In diesem kleinen Familienkreis verlebte Luise ungezwungen und fröhlich ihre Kinderjahre. Die in Darmstadt außerordentlich populäre und für ihren originellen Humor bekannte Großmutter erzog die Mädchen mit lebhaftem Temperament und nachsichtiger Strenge. Später erschien Luise die sorglose Zeit in Darmstadt oft wie das verlorene Paradies. Bei jedem Wiedersehen mit ihren Geschwistern schwelgte sie mit ihnen in glücklichen Erinnerungen.

Schloss Braunshardt bei Darmstadt, beliebter
Ausflugsort von Luise und ihrer Großmutter

Ich war im lieben Darmstadt und kam bei dem lieben Palais vorüber,
und tausend köstliche Erinnerungen und die vollkommenste Dankbarkeit erfüllten mein Herz.
Ich war so gerührt bei dem Anblick dieser teuren Stätten und bei dem Gedanken an Ihre
Güte und an Ihre Fürsorge, daß ich in Tränen das Schloß erreichte.

Luise an ihre Großmutter, die seit 1796 in Neustrelitz wohnte

Die Zukunft, wird sie schrecklich sein?
Mein Alter, wird es mich erfreu'n?
Wie werd' ich in den künft'gen Tagen
Vielleicht des Lebens Last ertragen?
Doch meine Seele sorget nicht,
Der Herr ist meine Zuversicht.

Luise, Eintragung im Andachtsbuch
am 15. Juni 1792, dem Tag ihrer Konfirmation

Das Alte Palais in Darmstadt, Heimat Luises
nach dem Tod ihrer Stiefmutter Charlotte

Jungfer Husch und ihre Geschwister

Für die Erziehung von Luise und ihrer Schwester Friederike hatte die Großmutter Suzanne de Gélieu (auch »Salomé« genannt), die Tochter eines Predigers aus dem damals noch preußischen Neuchâtel gewonnen. Die französische Sprache stand zu jener Zeit wie generell in der höfischen Erziehung im Mittelpunkt des Unterrichts. Darüber hinaus konzentrierte man sich auf die charakterliche und religiöse Ausbildung und maß den übrigen Lehrinhalten nur geringe Bedeutung bei. Einige wenige Grundkenntnisse in den klassischen Fächern mussten genügen. Als Kind nahm Luise den Unterricht kaum ernst; sie war stets zu Streichen aufgelegt und für Ablenkungen aller Art zu gewinnen. Als Erwachsene beklagte sie sich allerdings oft über ihre Bildungslücken, die sie durch eifrige Lektüre und das Studium von Vorlesungsschriften aufzufüllen suchte.

Zwar streifte Luise mit der Zeit ihre kindlichen Unarten ab, doch war und blieb sie ein wildes Mädchen voller Übermut und Ausgelassenheit. Für Spiel und Tanz ließ sie jede ernsthafte Beschäftigung stehen und liegen. Die Prinzessin war so unbändig und quirlig, dass sie von ihren Geschwistern und von der Großmutter »Jungfer Husch« genannt wurde.

Wie sorglos und unbekümmert sie war, zeigen zum Beispiel ihre Schulhefte. Luise ließ auch hier die Zügel schleifen: »Inhalt geschmiert, den 22. April, 13 Jahre alt; Schand über alle Schande. 1789.« In solchen »Heften für die Aufsätze, die mehr als zwölf Fehler haben« lockerte sie die voll geschriebenen Seiten bisweilen mit Modekarikaturen und frechen Zeichnungen von Damen mit hohen Frisuren und Stöckelschuhen auf.

Erzieherin Luises: Suzanne (genannt »Salomé«) de Gélieu

Luises älterer Bruder: Georg, Großherzog von Mecklenburg-Strelitz

Luises kleinerer Stiefbruder: Karl, Herzog von Mecklenburg-Strelitz

Porträt Charlottes,
der ältesten
Schwester Luises

Unsere Seelen verstehen sich so ganz; ein Hauch belebt die Saiten,
und der Akkord ist da und wird ewig da sein.

Luise an ihren Bruder Georg

Es gelang Luise nie, ihre Schwierigkeiten mit der Orthographie zu überwinden und völlig fehlerfrei zu schreiben, weder im Deutschen noch im Französischen. Doch sie konnte gut zeichnen und malen und war – wie auch ihre Schwestern – musikalisch begabt. Das Klavierspiel ging ihr leicht von der Hand, ja sie vermochte ihre kleinen, selbstkomponierten Lieder sogar auf der Harfe zu begleiten.

Im Darmstädter Alten Palais war der »gute Onkel Georg«, ein Bruder der Mutter, für Unterhaltung, Zerstreuung und Amüsement zuständig. Er organisierte für seine Mutter und ihren kleinen Anhang Ausflüge und Feste; so brach der um die Großmutter vereinte Familienkreis 1791 zu einer Reise nach Holland auf. Schon 1787 hatte sich auch der Vater, Prinz Karl, mit seinen beiden Söhnen Georg und Karl in Darmstadt eingefunden, sodass nun alle jüngeren Geschwister glücklich vereint waren. Der Vater allerdings unternahm oft Fahrten zu seiner Tochter Charlotte nach Hildburghausen, an deren kleinem Hof er sich am liebsten aufhielt.

Luises zweitälteste Schwester: Therese,
Fürstin von Thurn und Taxis

Luises älteste Schwester: Charlotte,
Herzogin von Sachsen-Hildburghausen

Ich kann Dir doch nie vergelten, was Du mir Gutes getan;
Du hast mein irdisches und geistiges Glück begründet;
ich kann nichts tun, Dir meine Erkenntlichkeit zu beweisen,
ich werde ewig Deine Schuldnerin bleiben.

Luise an ihre Großmutter, Berlin 1795

Luise (links) und ihre Schwester Friederike; nach einem Gemälde von Johann Friedrich August Tischbein (1750-1812)

Spiele am Brunnen

Ansicht des Römerbergs in Frankfurt am Main

Mit zu den schönsten Erinnerungen Luises an ihre Kindheit in Darmstadt gehörten die ausgelassenen Schlittenpartien im Winter, die turbulenten Maskenfeste und vergnügliche Theateraufführungen. Im Sommer standen Ausflüge und Reisen in die Umgebung Darmstadts, nach Schloss Broich, nach Mannheim, nach Baden und ins Elsass auf dem Programm. Als die Familie 1790 zur Kaiserkrönung nach Frankfurt fuhr, fanden Luise und Friederike bei Katharina Goethe, der Mutter des Dichters, Quartier. »Frau Rat« bewirtete sie mit Specksalat und Eierkuchen und erlaubte ihnen – zum Entsetzen der Erzieherin – am alten Ziehbrunnen im Hof Wasser zu pumpen: eine Szene, die zu den beliebtesten der Luisen-Legende gehört. Besonderen Eindruck machte auf Luise das grandiose Schauspiel der mit mittelalterlichem Prunk gefeierten Kaiserkrönung.

Im Hof des Goethehauses
zu Frankfurt am Main:
die Prinzessinnen Luise und
Friederike am Brunnen, rechts
Katharina Goethe, die Mutter
des Dichters;
nach einem Gemälde von
Wilhelm Amberg (1822–1899)

Als sie weggingen, sagten sie mir, daß sie niemals so zufrieden
und lustig gewesen wären und daß sie das Erlebnis nicht vergessen würden.

Katharina Elisabeth Goethe nach dem Besuch Luises und Friederikes, Frankfurt am Main 1790

Zwei Herzen und eine Krone

Im Hinblick auf die Umstände waren die Feste und Feierlichkeiten der Krönung
vielleicht noch imposanter als die vorhergehenden Krönungen.
Fürst Anton Esterhazy, der als erster Gesandter des Kaisers fungierte,
beauftragte mich freundlichst mit der Leitung des Festes, das er nach der Krönung gab.
Ich eröffnete den Ball mit der jungen Prinzessin Luise von Mecklenburg ...

Fürst Clemens Metternich

Luise und Friederike

Den Tag ihrer Einsegnung am 15. Juni 1792 erlebte Luise mit großer innerer Anteilnahme und beseelt von religiösem Gefühl. »Heute ist der wichtigste Tag meines Lebens, der Tag meiner Konfirmation«, schrieb sie in das Erbauungsbuch, das ihr die Großmutter geschenkt hatte. »Gott gebe mir die Stärke, alle die Versprechungen zu erfüllen, die ich ihm gemacht habe, ihm, dem Zeugen meiner Schwüre.«

Am 14. Juli war Luise wieder in Frankfurt zur Krönung Franz' II. zum deutschen Kaiser. Wie schon zwei Jahre zuvor bei der Krönung seines Vaters Leopold II., durften Luise und Friederike der imposanten Zeremonie beiwohnen – obwohl sich der Vater anfangs wegen des Aufwandes, der seine Einkünfte überforderte, gegen die Reise gesträubt hatte. Die beiden Schwestern – nun im gesellschaftsfähigen Alter – wurden in Frankfurt in die große Welt eingeführt.

Die Ideen der Französischen Revolution von 1789 hatten das feudale Europa zwar beunruhigt, aber erst als die Armeen der jungen Republik die Grenzen Frankreichs überschritten, fanden sich

Krönung Kaiser Franz' II. im Dom zu Frankfurt am Main 1792

Wir werden also, wie Du zu Friederike hübsch gesagt hast, ein Stückchen Krönung sehen, und Dich, liebe, vielgeliebte Therese, vermissen wir schmerzlich wie überall, so ganz besonders bei der Krönung. Wir gehen in keine Gesellschaft, zu keinem Kurfürsten, wir nehmen an keinem Essen teil, kurz, wir werden uns in Frankfurt gar nicht aufhalten; wir werden nur einen Tag hinfahren und den Einzug ansehen und am nächsten zurückfahren, dann die Krönung ansehen und gleich darauf zurückfahren; wir werden auch nicht die Hoffestlichkeit besuchen, was mir sehr schmerzlich ist. Papa hat uns erlaubt, auf einen Ball zu gehen, wenn Fürst Esterhazy oder ein Kurfürst oder ein Gesandter einen gibt; aber Du mußt zugeben, um dahinzugehen, muß man eingeladen sein, und um eingeladen zu werden, muß man bekannt sein, und gewiß wird man sich keine Mühe darum geben, so unbedeutende Wesen wie Friederike und mich auszugraben. Ich kann Dir nicht verbergen, daß mir das ein wenig Kummer macht; aber ich bitte Dich um Gotteswillen, schreibe ja nichts davon an Papa, weil, wenn es ihm seine Finanzen erlauben, er gewiß gerne das Vergnügen seinen Kindern machte.

Prinzessin Luise in einem Brief an ihre Schwester Therese,
kurz vor der Kaiserkrönung in Frankfurt am Main 1792

die deutschen Fürsten zur Gegenwehr zusammen. Die Gefahr rückte rasch näher – schon waren die Städte Worms, Speyer, Mainz und Frankfurt erobert, ohne dem Ansturm nennenswerten Widerstand entgegengesetzt zu haben. Auch im nicht weit entfernten Darmstadt führte der rasche Siegeszug der Franzosen zu panikartigen Reaktionen. Es stand zu befürchten, dass die Truppen hier einrückten und die Stadt besetzten. Gerüchte schwirrten durch die Gassen, und von ihrem Fenster aus sah Luise Scharen von Flüchtlingen und adligen Emigranten am Marktplatz vorbeiziehen. Schleunigst ließ Prinzessin George die Koffer packen und machte sich mit ihren Enkelinnen und deren Erzieherin, Mademoiselle de Gélieu, sowie den beiden Brüdern Georg und Karl auf den Weg nach Hildburghausen, wo der Hof Charlottes, ihrer ältesten Enkelin, ihnen Schutz und Zuflucht bot.

Der Herbst in Hildburghausen verlief friedlich und unbeschwert, zumal Nachrichten von der erfolgreichen Rückeroberung Frankfurts durch preußische und hessische Truppen die Gemüter rasch wieder beruhigten. Im Frühjahr 1793 trat die kleine Hofgesellschaft die Rückreise nach Darmstadt an. Als sie Mitte März im Frankfurter »Weißen Schwan« Station machte, ahnte noch niemand, dass hier für Luise und Friederike die Entscheidung über ihre Zukunft fallen sollte.

Der preußische König Friedrich Wilhelm II. hatte in der Mainstadt sein Hauptquartier aufgeschlagen, begleitet von seinen beiden Söhnen, Kronprinz Friedrich Wilhelm und Prinz Ludwig. Es war vor dem Eingang zum Theater, als der König Luise und ihre Schwester zum ersten Mal sah. Entzückt von ihrem Charme, machte er gleich tags darauf der Großmutter seine Aufwartung und bat sie, die beiden jungen Prinzessinnen seinen Söhnen vorzustellen. Vielleicht hatte er die Verlobung des Kronprinzen und seines Bruders bereits fest im Visier. Schüchtern, aber doch rasch von gegenseitiger herzlicher Zuneigung erfasst, begegneten sich Kronprinz Friedrich Wilhelm und Prinzessin Luise. Die Entscheidung füreinander ließ nicht lange auf sich warten und wurde mit allseitiger Zustimmung aufgenommen. Ludwig hingegen brachte für Friederike kein besonderes Interesse auf, stimmte aber ebenfalls einer Verlobung zu.

Der junge Kronprinz
Friedrich Wilhelm von Preußen

Friedrich Wilhelm II., König von Preußen, Vater des Kronprinzen Friedrich Wilhelm; Gemälde von Anton Graff (1736–1813)

Kronprinz Friedrich Wilhelm von Preußen

Die Früchte, hoffe ich, werden bald reif sein; ich wenigstens, wenn ich eine Kirsche wäre,
würde in einem Tage reifen; meine Wangen sind schon ganz feuerfarben. – Ich esse eben
beim Schreiben köstliche Klöße mit Brot und Butter; wenn Großmama das bei Tische merkt,
so wird Luise, obgleich sie eine Braut ist, einen tüchtigen Wischer kriegen.

Luise an Friedrich Wilhelm am 7. Juni 1793

Du kannst Dir nicht denken, liebe Therese, wie zufrieden ich bin. Der Prinz ist außerordentlich gut und offen.
Kein unnötiger Schwarm von Worten begleitet seine Rede, sondern er ist erstaunlich wahr.
Kurz, mir bleibt nichts mehr zu wünschen übrig, denn der Prinz gefällt mir, und wenn er mir zum Beispiel sagt,
daß ich ihm gefalle, daß er mich hübsch findet, so kann ich es ihm glauben, denn er hat mir noch nie geschmeichelt.
Deine Freundschaft bleibt mir, mein Engel, Deine inständigen Bitten und Segenswünsche werden mir überall folgen,
ich kann also nur glücklich sein. Leb wohl, mein Engel, der Prinz kommt.

Luise an ihre Schwester Therese im März 1793

Wie ich die beiden Engel (Luise und Friederike) zum erstenmal sah, es war am Eingang der Komödie,
war ich so frappiert von ihrer Schönheit, daß ich ganz außer mir war, als die Großmutter sie mir präsentierte.
Ich wünschte sehr, daß meine Söhne sie sehen möchten und sich in sie verlieben.
Den andern Tag sahen die Prinzen sie auf einem Ball und waren ganz entzückt von ihnen.
Ich tat mein möglichstes, daß sie sich oft sahen und sich recht kennen lernten.
Die beiden Engel sind, soviel ich sehen kann, gut und schön. Nun war die Liebe da und wurde kurz und gut beschlossen,
sie zu heiraten. Sie gaben sich das Jawort, und die Verlobung wird bald vor sich gehen,
vermutlich in Mannheim. Der älteste heiratet die älteste und der jüngste die jüngste.

König Friedrich Wilhelm II.

Ich verspreche mir ein vollkommenes Glück, nicht ein romantisches Glück;
aber sicher werden wir so glücklich sein, wie zwei Gatten, die sich lieben, es sein können.
Ich umarme Sie und bin für das Leben Ihre treue Freundin und bald herzeliebes Weiblein Luise.

Luise an ihren Verlobten, Kronprinz Friedrich Wilhelm, im Dezember 1793

Prinzessin Luise von Mecklenburg-Strelitz

Verlobung und Brautzeit

Recht schön! Aber ganz ähnlich kann die Königin Luise
doch nicht gemalt werden, denn kein Künstler vermag es,
ihren herzgewinnenden Blick voll Geist und Güte so darzustellen,
wie er ist, besonders wenn er im Gespräche sich belebt und lächelt.
Dem, der sie kennt, tut kein Bild, auch das beste nicht, Genüge.

Herzog Ferdinand von Braunschweig beim Empfang eines Bildes der Königin Luise

Zärtlichkeit und Übermut

Der Kronprinz in Feldherren-Pose

Bereits am 21. März, wenige Tage nachdem sie sich kennen gelernt hatten, mussten die Verlobten schon wieder Abschied voneinander nehmen. Die Prinzen wurden zu der vor Mainz stationierten Belagerungsarmee beordert, und Luise kehrte mit Großmutter und Schwester nach Darmstadt zurück – als künftige Kronprinzessin von Preußen.

In der ein Dreivierteljahr dauernden Brautzeit entwickelte sich zwischen Luise und ihrem Bräutigam eine lebhafte Korrespondenz. Fast täglich wurden Briefe geschrieben. Übersprudelnd und einfallsreich, wie es ihre Art war, versuchte Luise den etwas steifen und allzu nüchternen Kronprinzen für sich einzunehmen und ihn mit ihrem Charme zu bezaubern. So legte sie gleich dem ersten, von der Großmutter überwachten Brautbrief ein separates Blatt bei, auf dem sie sich für den offiziellen Stil entschuldigte und ihren erwachten Gefühlen geradezu übermütig Ausdruck gab: »Es wird Ihnen vielleicht auffallen, lieber Freund, daß ich viele Punkte Ihres Briefes schweigend übergehe. Wundern Sie sich darüber nicht; Papa und Großmama wollten, ich sollte ihnen meinen Brief an Sie zeigen, und letztere vor allem empfahl mir besonders, ich sollte Ihnen nicht zu zärtlich schreiben. Ein Glück, daß die Gedanken und Empfindungen zollfrei sind, darüber kann sie keine Etikette legen … Mir scheint, da wir vom ersten Augenblick unserer Bekanntschaft natürlich und ohne Scheu beisammen waren, mußte ich Ihnen den Grund sagen, weswegen in meinem Briefe

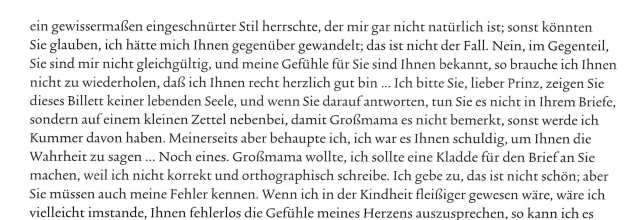

ein gewissermaßen eingeschnürter Stil herrschte, der mir gar nicht natürlich ist; sonst könnten Sie glauben, ich hätte mich Ihnen gegenüber gewandelt; das ist nicht der Fall. Nein, im Gegenteil, Sie sind mir nicht gleichgültig, und meine Gefühle für Sie sind Ihnen bekannt, so brauche ich Ihnen nicht zu wiederholen, daß ich Ihnen recht herzlich gut bin … Ich bitte Sie, lieber Prinz, zeigen Sie dieses Billett keiner lebenden Seele, und wenn Sie darauf antworten, tun Sie es nicht in Ihrem Briefe, sondern auf einem kleinen Zettel nebenbei, damit Großmama es nicht bemerkt, sonst werde ich Kummer davon haben. Meinerseits aber behaupte ich, ich war es Ihnen schuldig, um Ihnen die Wahrheit zu sagen … Noch eines. Großmama wollte, ich sollte eine Kladde für den Brief an Sie machen, weil ich nicht korrekt und orthographisch schreibe. Ich gebe zu, das ist nicht schön; aber Sie müssen auch meine Fehler kennen. Wenn ich in der Kindheit fleißiger gewesen wäre, wäre ich vielleicht imstande, Ihnen fehlerlos die Gefühle meines Herzens auszusprechen, so kann ich es nur immer fehlerhaft …«

Schon früh war Luise bestrebt, Friedrich Wilhelm gegenüber aufrichtig zu sein, und diese Ehrlichkeit, gepaart mit mitreißender Fröhlichkeit, war es wohl, die der Kronprinz an seiner künftigen Gemahlin besonders schätzen lernte. Trotz der kurzen Bekanntschaft hatte Luise seinen Charakter schon recht gut verstanden, zum Beispiel das Bedürfnis nach Geradlinigkeit und Unkompliziertheit. In einem Brief, in dem sie ihrem Bräutigam von einem entstehenden Porträt berichtete, schrieb sie: »Der Mann, der mich malt, gibt sich die größte Mühe … Ich habe ihm gesagt, er solle mich ganz einfach malen, nichts auf dem Kopfe, weiß gekleidet, ich weiß, Sie lieben das Einfache.«

Obwohl die Verlobten oft getrennt waren und nur immer für ein paar Tage zusammen sein konnten, erlebte Luise ihre Brautzeit als sehr glücklich. Ausflüge nach Marienborn und nach Schloss Braunshardt bei Darmstadt, die sie zusammen mit dem Kronprinzen unternahm, brachten etwas Abwechslung und trugen dazu bei, dass das Brautpaar sich besser kennen lernte. Erstaunt entdeckten sie, dass sie beide Freude am Zeichnen hatten. Luise erinnerte sich später in einem Brief, den sie an den abwesenden Gemahl im polnischen Feldzug schrieb, an gemeinsame Zeichnungen: »Ich habe mich vor den Schreibtisch gesetzt, den ich Deiner Güte verdanke, und ich habe die Soldaten und die Offiziere betrachtet, die Du gemalt hast, Deine und meine, und ich habe mich recht lebhaft daran erinnert, wo der eine und der andere gemalt wurde. Es gibt Braunshardter und Darmstädter darunter, einige in meinem eigenen Zimmer gemalt, andere in den Zimmern Großmamas. Einige sind auch in Marienborn entstanden, in dem reizenden Hagebusch, wo wir den angenehmen Nachmittag verlebten, der etwas heiß war, aber wo wir doch so glücklich und zufrieden waren.«

Bei meinem Erwachen empfing ich Ihren Brief, über den ich vor Freude außer mir geriet;
alles, was Sie mir darin Freundschaftliches sagen, ist sehr wohl geeignet,
in mir den Entschluß zu stärken, daß ich mein ganzes Leben
Ihre Freundschaft zu verdienen suche, die, ich gestehe es Ihnen, mir sehr teuer ist.

Luise an ihren Verlobten, Kronprinz Friedrich Wilhelm, am 27. März 1793

Annäherungen

Ich werde Ihnen zum Willkommen singen: / Unsere Katz hat Junge, / sieben an der Zahl./
Sechs davon sind Hunde. / Das ist ein Skandal. / Und der Kater spricht: / Die ernähr ich nicht.

Luise an Friedrich Wilhelm im April 1793

Ich habe gestern mehrmals das köstliche Lied von der Katze
mit den sieben Jungen gesungen, jedes Mal zum Erstaunen der Zuhörer ...

Friedrich Wilhelm an Luise, Antwort auf das Willkommenslied

My dear friend, I have a great friendship for you. Erschrecken Sie nicht über meine englischen Kenntnisse,
glauben Sie auch nicht, ich hätte die Kribbelsucht, eine Krankheit, bei der man alle möglichen Sprachen braucht.
Nein, nein, ich finde nur herzliches Vergnügen darin, wenn ich Ihnen sage und wiederhole,
daß Sie der Mensch sind, den ich am meisten auf der Erde liebe.

Luise an Friedrich Wilhelm am 15. Mai 1793

Ich beschäftige mich nur mit Ihnen, alles andere ist mir gleichgültig und langweilig.

Friedrich Wilhelm an Luise aus dem Feldlager im Juni 1793

Ich tue nichts als singen und tanzen, so daß alle Welt glaubt, daß mir die Hitze ein wenig zugesetzt hat.
Ich werde so glücklich sein, wenn ich Sie wiedersehe, daß ich, glaube ich, imstande bin,
wie Herodes' Töchterlein ein Solo vor der ganzen Armee zu tanzen nach der Melodie: Wenn's immer, wenn's immer so wär' ...

Luise an Friedrich Wilhelm am 30. Juni 1793

Ich liebe Sie nicht allein mit meinem ganzen Herzen, sondern ich schätze Sie und liebe Sie mit meiner ganzen Seele.
Sie glauben nicht, wie glücklich ich mich fühle, wenn Sie mir sagen, daß Sie mich lieben.
Sie sind so wahr, so freimütig, so offenherzig, daß ich an Ihren vollen Ernst glaube, wenn Sie mir das sagen.

Luise an Friedrich Wilhelm im Juli 1793

Ich finde immer mehr, daß wir vortrefflich zueinander passen,
und ich verspreche mir eine recht glückliche Zukunft.
Ja, mein teurer Prinz, ich werde glücklich mit Ihnen; denn Sie sind gut.

Luise an Friedrich Wilhelm im August 1793

»Sie sind gemacht, alle Herzen zu gewinnen« (Friedrich Wilhelm an Luise)
»Je serai die tolle Luise, votre chère petite promise« (Luise über sich selbst)

Die Kriegsbraut

Mit der Zeit wuchs die Vertrautheit. Luise und Friederike wurden sogar ins Feldlager bei Bodenheim in der Nähe von Mainz eingeladen. Die Anwesenheit der künftigen preußischen Kronprinzessin – als »Kriegsbraut« – sorgte bei den Soldaten Friedrich Wilhelms II. naturgemäß für einiges Aufsehen. Auch Johann Wolfgang Goethe, der sich als Schreiber im Gefolge des Herzogs von Weimar ebenfalls in Bodenheim aufhielt, berichtete davon in seinem Tagebuch.

Waren die ersten Briefe der Verlobten noch von vorsichtig angedeuteter Verliebtheit bestimmt, so ließ die Braut in ihrer weiteren Korrespondenz bei allem Optimismus auch ernstere Gedanken anklingen. Luise spürte genau, dass bald ein neuer Lebensabschnitt für sie beginnen sollte, und das Gefühl der Verantwortung, die sie mit ihrer Entscheidung für Friedrich Wilhelm auf sich genommen hatte, begann sie zunehmend zu beunruhigen. Würde sie überhaupt in der Lage sein, die große Aufgabe, die vor ihr lag, zu bewältigen? Wie würde es in Berlin sein, im Zentrum der öffentlichen Aufmerksamkeit? Unaufhörlich dachte Luise an die Zukunft – mit bangen Gefühlen, aber doch auch voller Zuversicht, dass – mit Friedrich Wilhelm an ihrer Seite – alles gut werden würde.

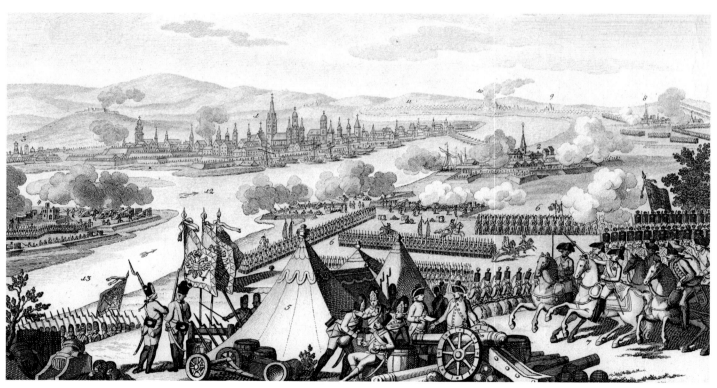

Ansicht der Stadt und Festung Mainz

Luise als »Kriegsbraut« im Feldlager zu Bodenheim bei Mainz; Illustration Ende 19. Jahrhundert

Gegen Abend war uns, mir aber besonders, ein liebenswürdiges Schauspiel bereitet:
die Prinzessinnen von Mecklenburg hatten im Hauptquartier zu Bodenheim bei Ihro Majestät dem Könige
gespeist und besuchten nach der Tafel das Lager. Ich heftelte mich in mein Zelt ein und durfte so die hohen
Herrschaften, welche unmittelbar davor ganz vertraulich auf und nieder gingen, auf das genaueste beobachten.
Und wirklich konnte man in diesem Kriegsgetümmel die beiden
jungen Damen für himmlische Erscheinungen halten, deren Eindruck auch mir niemals verlöschen wird.

Johann Wolfgang von Goethe in seinem während der Belagerung von Mainz geführten Tagebuch, 29. Mai 1793

Gespannte Erwartung

Die Zukunft wird gewiß glücklich sein … sicherlich, ich hoffe es ganz gewiß;
Sie lieben mich, ich liebe Sie, ein wenig Nachsicht von beiden Seiten, und alles wird gut gehen.
Ich habe meine Fehler, die Sie noch zu wenig kennen; deshalb bitte ich Sie im voraus,
haben Sie viel Nachsicht mit mir, erwarten Sie nicht zu viel von mir,
denn ich bin sehr unvollkommen, sehr jung, ich werde also oft irren.
Aber wir werden doch glücklich sein. Ich bin ein wenig kühl von Natur, ich kann es nicht so zeigen,
wenn ich jemanden liebe, das wissen Sie, aber ich liebe Sie deswegen nicht weniger … Ich liebe Sie wahrhaft.

Luise an Friedrich Wilhelm, 22. Oktober 1793

Je näher der Zeitpunkt ihrer Reise nach Berlin rückte, desto mehr verlor Luise ihre Unbekümmert-heit: »Wegen unserer Ankunft in Berlin geht es mir ebenso wie Ihnen, ich denke unaufhörlich daran, und ich habe dazu so viele, viele, viele Gründe. Aller Augen warten auf die armselige Luise, wird es da heißen, und schon der Gedanke, so von allem und jedem beobachtet zu werden, ist ganz erschrecklich …« Sie war gespannt auf das neue Leben, das sich vor ihr auftat, und doch konnte sie das Gefühl ängstlicher Erwartung nicht unterdrücken.

In ihrem letzten Brief, den sie kurz vor der Abreise aus Darmstadt nach Berlin schrieb, beteuer-te Luise dem Kronprinzen noch einmal ihre Liebe und bat ihn um Unterstützung, ließ aber auch erkennen, dass sie nun für den großen Schritt bereit war: »Seitdem Sie das letztemal hier waren, habe ich Mut gefaßt; ich bin gewiß, Gott wird mir Kraft geben, er wird mich führen und mich nicht verlassen. Meine heißen Gebete werden ihn rühren, und meine Grundsätze, Frömmigkeit und Tugend, werden mich vor dem Bösen bewahren. Seien Sie ganz überzeugt, daß ich Ihnen gut bin und Sie liebe, daß ich alles nur mögliche tun werde, um Ihnen zu gefallen und Sie glücklich zu machen. Seien Sie mein Beistand und mein Freund und mein Rat, Sie werden keine Undankbare an mir finden.«

Kronprinzessin Luise

Kronprinz Friedrich Wilhelm

Sie sind doch ein reizender Kerl, ein liebenswürdiger Freund.

Sie schreiben mir drei Briefe hintereinander, und ich?

Ich little monster habe Ihnen nicht geantwortet.

Ich gebe es zu, ich bekenne, ich bereue es und verspreche,

diesen ärgerlichen Fall nicht wieder eintreten zu lassen.

Luise an Friedrich Wilhelm am 15. November 1793

Ich möchte Ihnen aber wohl einen rechten freundschaftlich
dankbaren Kuß auf die Backe drücken, ich glaube,
es wäre Ihnen wohl auch nicht unangenehm?

Luise an Friedrich Wilhelm am 15. Oktober 1793

Kronprinzessin Luise;
Zeichnung von
Johann Friedrich Tielker
(1763–1832)

Kronprinz Friedrich Wilhelm

Vielen Dank für Ihren recht freundschaftlichen Kuß auf die Backe,
ich wünschte auch, ihn erwidern zu können,
und zwar durch einen recht herzlichen auf dem Munde.

Friedrich Wilhelm an Luise

Hochzeit und Flitterwochen

Niemals sah ich vorher und auch niemals nachher ein so entzückendes Wesen wie die Kronprinzessin.
Von regelmäßiger und edler Schönheit, verband sie mit dem reizenden Antlitz
einen Ausdruck von Sanftmut und Bescheidenheit, der ihr aller Herzen gewann.
Ihre Schwester (Friederike) war auch reizend, anmutig, elegant; ihre Arme waren bewundernswert,
ihre Farbe sehr schön; aber ihre Züge waren denen ihrer Schwester nicht zu vergleichen ...
Friederike erschien sicherer und gewandter im Auftreten und in der Unterhaltung; aber die Ältere,
schön in ihrer einfachen Schönheit, hatte eine schüchterne Miene, die ihren Reiz noch erhöhte.

Prinzessin Luise von Radziwill, 1794

Einzug in Berlin

Ein Zulauf von Menschen, der ungeheuer war,
alle Fenster beleuchtet, der Zug nahm kein Ende, und ein Werfen mit Sträußen,
daß wir ordentlich in Blumen badeten …
Wenn meine Schwestern nicht so vernünftig wären,
so hätte ihnen dies wohl schmeicheln können.

Georg, Luises Bruder, über den Einzug der Prinzessinnen

Herzlicher konnte das Entree Luises am 21. Dezember in Potsdam und am 22. Dezember in der preußischen Hauptstadt nicht sein. Die Schönheit Luises und ihr schon sprichwörtlich gewordener Liebreiz erregten überall großes Aufsehen. Geradezu überschwänglich wurde sie von der Bevölkerung empfangen. Umjubelt hielt sie Einzug in Berlin, betrat sie das glanzvolle Parkett des königlichen Hofes.

Begeisterung herrschte angesichts der spektakulären Doppelhochzeit am Weihnachtstag des Jahres 1793. Das Kronprinzenpaar sowie Friederike und Ludwig standen im Mittelpunkt rauschender Feste, die im berühmten Weißen Saal des Berliner Stadtschlosses mit großem Pomp stattfanden.

Der überwältigende Empfang bei ihrem Einzug in Berlin und die sorglos scheinende Zeit danach vergaß Luise auch später nie. Gern erinnerte sie sich immer wieder an die prachtvollen Feste, an den Wirbel auf den Bällen, an die Redouten und Galadiners, mit denen der Hof zu repräsentieren verstand. Sie war entzückt von den ausgelassenen Tanzvergnügungen, in die sie sich voller Lust hineinstürzte. Das war so ganz nach ihrem Geschmack, verbreitete eine fast so unbekümmerte Stimmung wie am Darmstädter Hof. Doch in diesem Punkt sollte sie sich täuschen. Ihre Unerfahrenheit und Naivität machten sie rasch zur Adressatin von Neid, Missgunst und Intrigen; ihre Eigenwilligkeit und Unbefangenheit sorgten bald für Klatsch und Tratsch und zunehmend auch für Verwirrung und Unbehagen.

Eines der berühmtesten Bilder der Luisen-Legende: Begrüßung an der Ehrenpforte beim Einzug der Prinzessinnen Luise und Friederike in Berlin am 22. Dezember 1793. Rechts im Wagen die wegen der Übertretung der Hofetikette grimmig blickende Oberhofmeisterin, Gräfin Sophie von Voß; Illustration von Wilhelm Amberg (1822–1899)

Traumhochzeit

EINZUG DER KRONPRINZESSIN IN BERLIN

Die junge Prinzessin von Mecklenburg –
Luise war sie genannt;
Ihr Vater ein Prinz in fremdem Dienst,
Sie selbst 'ne Prinzeß ohne Land;

Und wenn sie zum Hofball fahren sollt',
So ist es wohl gescheh'n:
Sie mußte die seidenen Schuhe sich
Höchsteigenhändig benäh'n.

Doch als der Kronprinz von Preußen sie sah,
Da wußt' er's allsogleich:
»Die schöne Luise wird mein Weib,
Sonst keine im Deutschen Reich.« –

Und als sie zogen hinein in Berlin,
Da gab's ein lust'ges Gedränge;
An der Ehrenpforte standen geputzt
Knaben und Mädchen die Menge.

Ein kleines Mädchen sprach ein Gedicht;
So hat's der Prinzessin gefallen,
Sie bückte sich und umarmt' es schlicht
Und herzte und küßt' es vor allen.

Die Oberhofmeisterin stand, als ob
Der Schlag sie getroffen hätte:
»Ei, Königliche Hoheit, das ist
Ganz gegen die Etikette!«

Da fragte lächelnd die schöne Frau:
»Darf ich das nicht mehr tun?« –
Doch jubelnd rief das Volk ringsum
Beglückt: »Die kennen wir nun!

Mit diesem Kuß auf Kindesmund
Ging sie ins Herz uns ein:
Das wird eine rechte Königin
Von Gottes Gnaden sein!«

Ernst Wichert (1913-1974)

Hochzeit im Weißen Saal des Schlosses; Illustration Ende 19. Jahrhundert

Erinnerst Du Dich noch der Feier des heutigen Tages, wie bange mir wohl das Herz pochte, als ich den Toren Berlins näher kam und alle die Freuden- und Ehrenbezeigungen empfing, die ich dazumal noch nicht verdiente, als durch den festen Vorsatz, alles mögliche zu tun, meinen zukünftigen Mann recht fröhlich und womöglich glücklich zu machen und dadurch den Beifall des guten Volkes zu verdienen? Ja, bester Freund, es war eine feierliche Stunde für mich, in der ich Berlins Einwohnerin ward und gleichsam von allen meinen Lieben, Eltern, Geschwistern und Freunden losgerissen; aber nie werde ich diesen Augenblick bereuen, da ich hier so ganz, so unaussprechlich glücklich bin an der Seite eines in jedem Sinn rechtschaffenen Mannes.

Luise an ihren Bruder Georg, zwei Jahre nach ihrem feierlichen Einzug in Berlin

Die Brautpaare

Mache Dich darauf gefaßt, daß Du bald von meinem Tode hören wirst, denn seitdem ich diesen Brief begonnen habe (sechs Tage vorher), haben wir nichts getan als Tanzen, und bis zu meinem Geburtstag gibt es noch sieben Bälle. Unsere Lebensweise ist unglaublich anstrengend, und ich achte nicht auf meine Gesundheit. Was den Tanz betrifft, so weißt Du, liebe Therese, daß die Mecklenburger sich darauf verstehen und daß es sehr schwierig ist, sie völlig fertig zu machen. Gestern waren wir zum Konzert beim König, der immer äußerst gütig zu mir ist. Gottseidank ist heute ein Ruhetag; am Abend gehen wir ins Theater, das sehr gut ist. Morgen ist Ball bei der Königinwitwe, übermorgen große Gesellschaft bei mir, Freitag Ball beim Grafen Alvensleben, für den Sonnabend ist Gottseidank noch nichts festgelegt, und das wird ein Ruhe- und Theatertag sein. Du mußt wissen, daß in der vergangenen Woche am Donnerstag bei mir Ball bis morgens 5 Uhr war, am Freitag Tanz bei Alvensleben, am Sonnabend bei Podewils und am Sonntag beim König. Da kann man wirklich seine Seele verlieren und sein Testament machen.

Luise an ihre Schwester Therese am 23. Februar 1794

Ludwig, Prinz von Preußen,
Bruder des Kronprinzen Friedrich Wilhelm
und Schwager der Kronprinzessin Luise

Luise und Friedrich Wilhelm

Friederike und Ludwig

Ich konnte in jenen ersten Monaten ihrer Ehe nicht erwarten, daß die junge Fürstin mir sogleich
ihr volles Vertrauen schenken würde. Der Unterschied der Jahre war zu groß zwischen ihr und mir;
auch hatte sie etwas Verschlossenes in ihrem Charakter, und ich muß sagen,
zum Glück und mit Recht eine große Zurückhaltung, die sie abhielt,
sich gegen Personen, die sich nicht näher kannte, offen auszusprechen.

Gräfin Sophie von Voß im Winter 1794 in ihrem Tagebuch

Die Prinzessin ist wirklich anbetungswürdig, so gut und so reizend zugleich,
und der Kronprinz ist ein so redlicher, vortrefflicher Mann,
daß man ihm das seltene Glück einer solchen Ehe, den Besitz eines solchen Engels, innig gönnt.

Gräfin Sophie von Voß am 31. Dezember 1793 in ihrem Tagebuch

Das Kronprinzenpalais

König Friedrich Wilhelm II. hatte für Luise und ihren Gemahl das Kronprinzenpalais einrichten lassen – fünfundzwanzig Zimmer, von denen zehn für die Privatnutzung des jungen Paares bestimmt waren. Doch Luise kam sich anfangs in den weiten, ziemlich kahlen und spärlich möblierten Räumen noch sehr verlassen vor. Nur ihre Zimmer zum Schreiben, Schlafen und Ankleiden waren einigermaßen gemütlich eingerichtet – und hier hielt sie sich auch am liebsten auf.

Ganz in der Nähe zum Kronprinzenpalais fanden Friederike und Ludwig im so genannten Kleinen Palais Wohnung. So lebten die beiden Paare in enger Nähe und Verbundenheit. Luise und Friederike waren unzertrennlich, besuchten gemeinsam Theater und Oper, Konzerte, Bälle und Abendunterhaltungen.

Luises Schlafzimmer im
Kronprinzenpalais zu Berlin

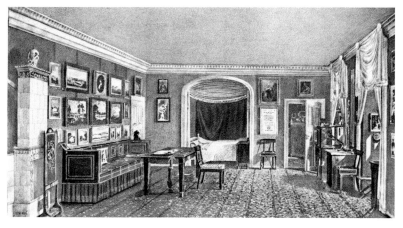

Friedrich Wilhelms Schlafzimmer
im Kronprinzenpalais zu Berlin

Berlin, Unter den Linden, um 1830

Außenansicht des Kronprinzenpalais, Residenz von Kronprinz Friedrich Wilhelm und seiner Gemahlin, Kronprinzessin Luise

Die preußische Königsfamilie

Friedrich Wilhelm II., König von Preußen,
der Vater des Kronprinzen Friedrich Wilhelm

Friederike, Königin von Preußen, zweite Gemahlin
König Friedrich Wilhelms II., geborene Prinzessin
von Hessen-Darmstadt

Die preußische Königsfamilie, in der Mitte König Friedrich Wilhelm II.

Elisabeth, Königin von Preußen, Witwe König Friedrichs des Großen, geborene Herzogin von Braunschweig-Bevern

Fast eine Affäre

*Wir leben hier sehr ruhig und für mein Teil sehr angenehm, Berlin regrettiere ich gar nicht,
und habe mir hier noch nie so gefallen. Alles lebt in Einigkeit, da sich keine fremde Hand ins Spiel mischt,
und wir benutzen täglich recht fleißig die schöne Gegend,
die so manche anmutige Gegenstände darbietet ... Gott gebe, daß bei unserer Rückkehr nach Berlin
nicht neue Mißhelligkeit und Klatschereien den häuslichen Frieden stören mögen.*

Friedrich Wilhelm an Major Johann Georg von Schack,
seinen Adjutanten und Freund, im Frühjahr 1794

Die Begeisterung, die Luise bei ihrer Ankunft am Berliner Hof entgegengebracht worden war,
kühlte bald ab. Allzu oft und unbefangen setzte sich die Kronprinzessin über die strenge
preußische Etikette hinweg und erregte Anstoß bei der königlichen Familie und der Hofgesellschaft.
So nahm sie sich die Freiheit, mit ihrer Schwester Friederike allein, ohne Begleitung, auszufahren,
bei sich einzuladen, wen immer sie gerade sympathisch fand, und bei den turbulenten Tanzver-
gnügen keinerlei Rücksicht auf ihre zarte Konstitution zu nehmen. Dass sie darüber hinaus in aller
Öffentlichkeit mit dem beliebten und verwegenen Prinzen Louis Ferdinand flirtete, dessen Charme
sie zu erliegen drohte, machte den Eklat perfekt.

Als Luise auch während ihrer ersten Schwangerschaft ihre Tanzlust nicht bezähmte, erregte dies
das Missfallen der höfischen Kreise, schließlich griff sogar der König selbst ein und machte dem
Kronprinzen Vorwürfe wegen des ungebührlichen Verhaltens seiner Frau: Er solle ihr zeigen, dass
»wir hier gewohnt sind, uns bei unseren Frauen Gehorsam zu verschaffen.«

So kam es, dass »alle Welt mit ihr unzufrieden war«, wie die Oberhofmeisterin Sophie Gräfin
von Voß in ihrem Tagebuch notierte. Trotz der zahlreichen Vorwürfe und Unterstellungen gegen
seine Frau ließ sich Friedrich Wilhelm auch in dieser schwierigen Zeit in seinen Gefühlen zu Luise
nicht beirren. Er hielt treu zu ihr und verteidigte sie gegenüber dem König und dem Hof.

Als die Krise ihren Höhepunkt erreicht hatte, sah Friedrich Wilhelm nur den Ausweg, der Berliner Hofgesellschaft für einige Zeit den Rücken zu kehren. In Potsdam fanden die Frühjahrsmanö-
ver statt, und kurzerhand nahm der Kronprinz seine Gemahlin dorthin mit. Der Ortswechsel wirkte
sich beruhigend aus: In der Idylle dieser kleinen Residenz mit ihrem gleichförmigen Tagesablauf
und ihrer langweiligen Routine, die außer Paraden und Spaziergängen in stillen Parks kaum Abwechslung bot, verschwand der Reiz des glitzernden gesellschaftlichen Lebens am Berliner Hof wie
ein herunterbrennendes Feuerwerk. In Potsdam war das Leben etwas freier und ungezwungener,
und hier konnte Luise wieder zu sich selbst finden. Die ausgedehnten Spaziergänge, die sie meist
zusammen mit Friederike unternahm, linderten auch etwas ihr Heimweh, denn noch immer litt
sie unter der Trennung von ihrer Familie. Luise gelang es, das bisher Geschehene mit anderen
Augen zu sehen und gewann mehr Gelassenheit. Und mit der Zeit entdeckte sie, dass ihr heiteres
Wesen das beste Mittel gegen die häufigen Verstimmungen und Launen ihres Gemahls war.

Prinz Louis Ferdinand von Preußen war für die junge unerfahrene Kronprinzessin eine ernsthafte Versuchung. Er bezauberte Luise – und umwarb nicht nur sie, sondern auch Friederike; Gemälde von Jean Laurent Mosnier (1743-1808)

Allein in Berlin

Untröstlich war Luise, als sie sich Mitte Mai 1794 von ihrem Mann trennen musste. Nach der zweiten polnischen Teilung im Jahr 1793 war in Krakau ein Aufstand ausgebrochen, gegen den die Truppen der Teilungsmächte Russland, Österreich und Preußen vorrückten. Friedrich Wilhelm hatte noch nicht die Mauern der Garnison hinter sich gelassen, als ihm schon ein leidenschaftlicher Brief Luises folgte. In den Wochen dieses Feldzuges schrieb sich das junge Paar fast täglich, und die Briefe künden von zärtlicher Sehnsucht und wachsender Vertrautheit.

Die Kronprinzessin schwärmte auch ihrem Bruder Georg von dem glücklichen Frühling in Potsdam vor: »Die sechs Wochen, die ich in Potsdam mit ihm zugebracht habe, waren unstreitig die glücklichsten meines Lebens. Ganz ohne Gene und Etikette, so ganz nach seinem Willen hab' ich gelebt, und ich fühlte das Glück, solch ein Leben zu führen, nie lebhafter, als wenn ich von Berlin Nachricht bekam: heute ist großer Ball oder heute ist großes Konzert und Souper. Ach, da war ich vergnügt, mich an der Seite meines Mannes zu finden, in einem Leinenkleid und mit ausgekämmten Haaren, und ihm recht vorschwatzen zu können, wie sehr ich ihn liebte und schätzte, und dann so gegen 7 Uhr, um der Zeit, wo die Tanzenden sich fürchterlich zerhabten und zersprangen, und warm zu bekommen, setzte ich mich im Wisky (Kutsche) mit ihm, um Gottes schöne Luft zu genießen, mich dadurch gesund und frisch zu machen und ihm, dem guten Vater, recht herzlich und inbrünstig zu danken, mich an der Seite eines solchen Mannes gebracht zu haben.«

Eine Feder, mein teurer und geliebter Freund, soll Dir nun sagen, was mein Mund
Dir schon eine Million Mal gesagt hat: daß Du mir unaussprechlich teuer bist.
Wie hart ist es für mich, Dich nicht mehr bei mir zu haben.
Einsam und allein überlasse ich mich meinem Schmerz, und mein einziger Trost ist,
auf demselben Sofaplatz zu sitzen, wo Du immer saßest ... Vergiß mich nicht,
mein teurer Freund, erinnere Dich Deiner Luise, die nur für Dich lebt, und die ohne Dich unglücklich ist ...

Luise an Friedrich Wilhelm am 15. Mai 1794, wenige Stunden
nach der Abreise des Kronprinzen an den polnischen Kriegsschauplatz

Preußische Infanterieoffiziere auf dem Schlossplatz in Berlin

Bei allem, was Dir teuer ist, schreibe mir oft; das ist das einzige Vergnügen,
das mir in meiner Vereinsamung bleibt, das einzige, wobei mein Herz noch etwas Freude empfindet.
Denn ich versichere Dich, daß ich seit Deiner Abreise kaum kenne, was man Freude, Heiterkeit, Lachen nennt ...
Mein Herz ist so traurig, daß ich kein anderes Vergnügen habe,
als in meinem Zimmer zu bleiben oder im Garten spazieren zu gehen oder die letzte Spazierfahrt
in dem hübschen kleinen Gehölz zu wiederholen, die ich mit Dir gemacht habe.

Luise an Friedrich Wilhelm am 21. Mai 1794

Die Kronprinzessin

Auf alle Tag' im Jahr
    Halt' ich die Verse bereit –
Wird alles gedankenlos spendiert,
An jene wie an diese.
    Doch wenn das Herz den Reim diktiert,
    Steht im Kalender Luise.

August von Kotzebue

Die stillen Jahre

Kronprinzessin Luise

Nachdem die von Luise ausgelöste Krise am Berliner Hof überwunden war, erlebte das junge Paar eine glückliche Zeit. Zwar hatte Luise ihr erstgeborenes Kind verloren, doch im Oktober 1795 freute sie sich über die Geburt eines Sohnes. Wieder ein Kronprinz Friedrich Wilhelm im preußischen Königshaus! Auch die Briefe der Geschwister aus der Zeit dieser »stillen Jahre« erzählen von einem harmonischen Leben der Kronprinzenfamilie. So schrieb Therese an den Bruder Georg aus Berlin im Dezember 1796 über ihre beiden Schwestern Luise und Friederike: »Es sind wirklich liebliche Geschöpfe, sehr verschieden heiteren Sinn, das macht, daß sie alles belebt, alles beglückt und dadurch alle Herzen gewinnt.«

Die Ereignisse des Winters 1796/97 trübten jedoch das Glück der Kronprinzenjahre. Im Dezember starb Prinz Ludwig nach kurzer, schwerer Krankheit. Friederike war nun Witwe – eine junge, schöne Witwe, die sich wenig später in neue, aufregende Affären stürzte. Auch den Kronprinzen ereilte das Fieber, welches Ludwig das Leben gekostet hatte. Luise pflegte ihn hingebungsvoll, und nach längerer Krankheit wurde er tatsächlich wieder gesund. Im Januar starb die Witwe Friedrichs des Großen, Königin Elisabeth Christine, zudem verschlechterte sich der Gesundheitszustand des Königs. Dies alles lastete schwer auf der königlichen Familie.

Erst im März 1797 änderte sich die gedrückte Stimmung im Kronprinzenpalais. Die Freude über die Geburt des zweiten Sohnes, Prinz Wilhelm, des späteren deutschen Kaisers Wilhelm I., und das Glück über die Genesung ihres Gemahls verscheuchten bald alle Sorgen. Im Frühjahr 1797 erzählen die Briefe Luises vom Stolz der jungen Mutter und vom Glück einer geliebten und liebenden Frau.

Kronprinzessin Luise

Berlin, wie Luise es sah

Das Brandenburger Tor

Markt in der Breiten Straße, der
auch vom Kronprinzenpaar oft
besucht wurde

Die Straße Unter den Linden, im Hintergrund das Königliche Schloss

Warum nicht ein Zeilchen von dir in vier Wochen ...
ach, einige Worte nur haben soviel Trost für mich.
Ich brauche ihn mannigmal. – Berlin ist viel größer als Darmstadt,
es sind auch viel mehr Leute allerhand Arten darin. – Das werde ich gewahr.

Luise an ihren Bruder Georg am 4. April 1794

Der Hofstaat

Die Voß ist ein kleiner entfesselter Teufel …
und alle, die sich nur auf drei Schritte ihrer Person nähern,
sind Zielscheibe ihrer Verwünschungen. Jedoch denke ich darin Ordnung zu schaffen.

Luise an Friedrich Wilhelm am 30. Mai 1804 aus Charlottenburg

Sophie Gräfin von Voß, Oberhofmeisterin

Christian Wilhelm Hufeland, Leibarzt des Kronprinzen und des Königs

Henriette Gräfin von Viereck,
Schwester von Dorothea,
Hofdame Luises

Bertha Gräfin Truchseß zu Waldburg,
Hofdame Luises

Dorothea (Doris) von Viereck,
Schwester von Henriette,
Hofdame Luises

Ernst Ludwig Heim, Hofarzt

Luise und ihr erster Sohn

Luise und ihr erster Sohn, Kronprinz Friedrich Wilhelm,
der spätere König Friedrich Wilhelm IV. von Preußen;
Gemälde von Johann Heinrich Schröder (1773-1796)

Du bist nun schon wieder recht lange in Rostock und studierst, daß Du schwarz wirst;
ich hingegen studiere nichts als Englisch, bin auf Bällen, wo ich nicht tanze, und in Gesellschaften,
wo ich mich ennuyiere, und doch in der großen Welt? Ach, ich möchte, ich wäre in der kleinen Welt,
da amüsier' ich mich viel besser, dann sind wir einmal ganz allein zu Hause des Abends und trinken Tee
in unserm kleinen Zirkel, lesen nachher und freuen uns des kleinen Engels;
da bin ich so vergnügt, wie ich in meinem Leben nirgend anders bin.

Luise an ihren Bruder Georg im November 1796 aus Berlin

Die »Preußische Madonna«: Luise mit ihrem erstgeborenen Sohn; Skulptur von Fritz Schaper, 1901

Das Kronprinzenpaar

»Gott sei Dank bist du wieder meine Frau geworden!«

»Aber bin ich das denn nicht immer?«

»Leider nein, du mußt allzu oft Kronprinzeß sein!«

Dialog zwischen Friedrich Wilhelm und Luise im Frühjahr 1794

Vergebens habe ich den ganzen Tag gewartet. Keine Nachricht, kein Brief, keine Antwort von Seiner Königlichen Hoheit, und ich bin so weit und so klug wie gestern, ehe ich Ihnen schrieb. Das Gallenfieber ärgere ich mich an den Hals, doch das will ich bleiben lassen und Dir sagen, daß ich mich recht wohl befinde, heute etwas eingenommen habe, worauf ich mich gestärkt und erleichtert fühle. Im Kopfe ist mir sehr wohl und so leicht geworden, daß ich ihn überhaupt nicht mehr spüre. Heute sehe ich auch besser aus als neulich ... Übrigens, teuerster Gemahl, ist es 10 Uhr, ich opfere für Dich Schlaf, Augen, Gesundheit und alles, nur um mit Dir zu reden, weil ich Dich – liebe. Apropos, ich habe mir was ausgedacht. Um Dich dafür zu bestrafen, daß Du Sonnabends so viel Champagnerwein trinkst, teile ich Dir mit, daß ich mich für die ganze Zeit meines Aufenthalts in Potsdam schminken lassen werde, und wenn ich erfahre, daß Du kommenden Sonnabend auch noch soviel trinkst, werde ich es auch in Paretz ebenso machen ... Leb wohl, ich will meine Anmut ausruhen, um frischer zu sein als der anbrechende Morgen. Ich fühle es, morgen werde ich selbst Venus eifersüchtig machen. Wenn aber der eifrige Jünger des Mars mich immer lieb hat, überlasse ich Venus gern ihre Schönheit und Anmut, das Glück ist bei mir. Du lieber Kriegsknecht, bleibe mir treu und gut, und mache mich stets so glücklich, wie ich es nun drei Jahre durch Dich bin.

Luise an Friedrich Wilhelm am 25. April 1797

Kronprinz Friedrich Wilhelm und Kronprinzessin Luise; nach einem Gemälde von Heinrich Anton Dähling (1773-1850)

Leben in Potsdam

Potsdam, Stadtschloss. Die Kirche im Hintergrund wurde erst nach Luises Tod errichtet

Ich bin in Potsdam und bleibe da sechs Wochen lang, bis die kriegerischen Übungen vorüber sind, alsdann gehe ich wieder
nach Berlin zu meiner englischen Friederike, die ich leider habe zurücklassen müssen, nicht ohne Schmerz und Traurigkeit,
ein Soldatenweib muß ihrem Berufe nachgehen, und das tat ich. Ich esse Punkt zwölf, ich trinke Tee nach fünf ...
und esse zu Nacht Punkt acht. Ich gehe zu Bett mit den Hühnern, Küken und Kikerikis und stehe mit höchstdenselben wieder auf.
Aber ich bin besser als sie, denn ich lese Geschichte, ich mache Auszüge aus Monsieur Weiß; schreibe Dir und anderen
und lebe zum Vergnügen meines Mannes. Nun Brüderchen, bald einen Brief und mir viel Freude und – Freunde.

Luise an ihren Bruder Georg 1794 aus Potsdam

Potsdam, Stadtschloss, Gelbes Prunkzimmer

Potsdam, Stadtschloss, Wohnzimmer Luises

Potsdam, Schloss Sanssouci, Ansicht von Norden

*Ich habe Dir erzählt, daß ich gestern früh eine Stunde geschlafen habe. Denke Dir, ich hatte die Freude,
noch dasselbe Kissen zu finden, auf dem Du gelegen hattest; ich legte meinen Kopf darauf und habe recht friedlich geschlafen,
aber nicht auf dem Bette, das wäre mir zu schmerzlich gewesen, sondern auf dem Kanapee ...
Die Versicherung, daß Du mit Deiner lieben kleinen Frau zufrieden bist,
macht sie glücklich, unendlich glücklich, und hoffentlich wird das immer so bleiben ...*
Luise an Friedrich Wilhelm am 6. Juli 1794 aus Sanssouci

Potsdam, Stadtschloss, Schlafzimmer Luises

Potsdam, Schloss Sanssouci

Schadow und seine Prinzessinnengruppe

Johann Gottfried Schadow, seit 1788 Hofbildhauer in Berlin, porträtierte in den Jahren 1796/97 die Schwestern Luise und Friederike und schuf ein Meisterwerk der Klassik – die berühmte marmorne »Prinzessinnengruppe«.

Die Prinzessinnen erlaubten dem Künstler, ihre Kleidung nach seinem Geschmack anzuordnen. Bei Luise stieß Schadow auf ein kleines Problem: Eine leichte Schwellung störte zeitweise die Linie ihres Halses. Der Bildhauer verdeckte diesen vorübergehenden Makel mit einem anmutig um den Kopf geschlungenen Tüllband, das ihr hübsches Gesicht noch vorteilhafter betonte. Auf zahlreichen Gemälden Luises finden wir dieses ebenso seltsame wie aparte Band – es wurde fast so etwas wie ein Markenzeichen. Bald ahmten es auch die Berlinerinnen nach, weil sie es für eine neue Mode hielten.

Das Entzücken der Öffentlichkeit bei der ersten Ausstellung der Marmorgruppe in Berlin war außerordentlich groß; die Prinzessinnen gewannen durch ihre marmornen Ebenbilder noch mehr Popularität, als sie ohnehin schon besaßen.

Johann Gottfried Schadow, Bildhauer

Luise, von Johann Gottfried Schadow

Friederike, von Johann Gottfried Schadow

Doppelstandbild der Prinzessinnen Luise und Friederike, die berühmte »Prinzessinnengruppe« von Johann Gottfried Schadow (1764-1850)

Luise und Friederike

Friederike, Prinzessin von Preußen, Luises Schwester;
Gemälde von Johann Friedrich August Tischbein (1750–1812)

*Sie ist fort! Ja, sie ist auf ewig von mir getrennt. Sie wird nun nicht mehr die Gefährtin meines Lebens sein.
Dieser Gedanke, diese Gewißheit umhüllen dermaßen meine Sinne, daß ich auch gar nichts anderes denke
und fühle … Wenn ich mir vorstelle, daß Friederike unglücklich werden könnte, so recht elend und gequält,
so kann ich Augenblicke haben, wo ich ganz verzweifelt und kopflos bin. Ach, gütige Vorsehung, verhindere
dies. Es wäre mein Tod … Mein Trost ist, daß sie den Prinzen Solms über alles liebt, daß sie in ihrer neuen
Karriere, wenn sie will, glücklich werden kann. Daß sie ihn liebt, beweist ja wohl die heimliche Verbindung,
die sie einging, aus Furcht, von ihm getrennt zu werden; wenn sich diese erhält, so ist alles gewonnen.*

Luise an ihren Bruder Georg am 11. Januar 1799, nachdem Friederike wegen
ihrer Liaison mit Friedrich von Solms-Braunfels Berlin verlassen musste

Die Prinzessinnen Luise und Friederike bekränzen die Büste König Friedrich Wilhelms II.; Gemälde von Georg Weitsch (1785-1828)

Paretz, das Landidyll

Das Landgut Paretz

Den September des Jahres 1797 verlebte das Kronprinzenpaar zum ersten Mal auf seinem schon im Winter zuvor erworbenen, idyllischen kleinen Landgut Paretz in der Nähe von Potsdam. Hier erholte es sich von der Etikette am Hofe und lebte es in behaglicher Bürgerlichkeit – Friedrich Wilhelm als »Schulze«, Luise als »Gnädige Frau von Paretz«. Beide folgten ihrer Neigung zu einem zurückgezogenen, zwanglosen Leben in der Abgeschiedenheit der Natur, feierten zuweilen auch mit den Leuten aus dem Dorf das Erntedankfest.

Erntedankfest in Paretz; Illustration Ende 19. Jahrhundert

Die Kronprinzenfamilie in Paretz; Illustration Ende 19. Jahrhundert

Ich habe mit unserer gnädigen Herrschaft auf ihrem Landgut Paretz, zwei Meilen von Potsdam gelegen, frohe Tage verlebt. Wir haben uns ungemein belustigt und alles Angenehme des Landlebens genossen, wobei die Jagd und Wasserfahrt die Hauptbelustigung waren. Mein guter Herr würde auch noch nicht so bald das ruhe Landleben, wozu er mit seiner Gemahlin soviel Gefühl und Stimmung hat, mit dem Geräusch der großen Stadt verwechselt haben, wenn nicht das Herbstmanöver seine Gegenwart erfordert hätte ... Entfernt von allem Zwang nahmen sie herzlich Anteil an den unbefangenen Äußerungen der Freude des Landvolks, besonders bei dem fröhlichen Erntefest, vergaßen ihre Hoheit, die schöne königliche Frau mischte sich in die lustigen Tänze der jungen Bauernsöhne und -töchter und tanzte vergnügt mit. Hier war im eigentlichen, aber besten Verstande Freiheit und Gleichheit. Ich selbst dachte nicht daran, daß ich 54 Jahre zurückgelegt, und tanzte gleichfalls mit, desgleichen, von unserm gnädigen Herrn dazu aufgefordert, die Frau Oberhofmeisterin von Voß. Oh, wie waren wir alle so glücklich, glücklich wie unschuldige Kinder!

Karl Leopold von Köckritz, Generaladjutant des Königs, am 22. September 1798 an eine Verwandte

Das Ankleidezimmer Luises

Das Schlafzimmer im Schlösschen Paretz

Karl Leopold von Köckritz

Die Königin

Die Königin war eine Schönheit ersten Ranges, von hoher
und schlanker Gestalt, edler Fülle, anmutsvoller Haltung und Bewegung;
ihr Gesichtsschnitt, mit Ausnahme der etwas zu stumpfen Nase,
von hellenischer Reinheit und belebt durch große Blauaugen.

Johannes Scherr

Auf dem preußischen Thron

Als sich der Gesundheitszustand König Friedrich Wilhelms II. verschlechterte, kündigte sich das Ende der Kronprinzessinnenzeit für Luise an. Sie wusste, dass die Krone ihr Leben verändern würde, dass ihr Alltag von größerem Ernst geprägt und neue Aufgaben auf sie zukommen würden. Vorbei die unbeschwerten Jahre, die ihr trotz der politisch unruhigen Zeit vergönnt waren. »Du wirst mich vermutlich nie mehr so glücklich sehen, als Du mich verließest … Ich bin nicht zur Königin geboren, das glaube mir«, gestand sie ihrem Bruder Georg in einem Brief. Und auch Friedrich Wilhelm äußerte, als er zu einem Besuch beim sterbenden König nach Potsdam fuhr, gegenüber Luise ebenso realistisch wie pessimistisch: »Unser ruhiges Glück ist vorüber, die Prüfungszeit beginnt.«

Am 16. November 1797 starb König Friedrich Wilhelm II. Auf die Zurückgezogenheit im Kreis ihrer Familie, die Luise als so wohltuend empfunden hatte, musste sie immer mehr verzichten. Zwar änderte das junge Königspaar an dem bürgerlich-einfachen Stil seines Haushalts nur wenig, und auch Paretz blieb weiterhin sein bevorzugter Aufenthaltsort. Vor allem an Luise wurden jedoch neue Anforderungen gestellt; ihr Leben war jetzt vorrangig von Repräsentation, von Pflichten, Empfängen und Huldigungsreisen bestimmt.

Als Königin entwickelte Luise zunehmend Interesse an politischen Entwicklungen. Reisen führten sie in verschiedene Regionen des Landes, sodass sie stärker Probleme im preußischen Staat wahrnahm als bisher. Auch wenn sie weder die Möglichkeit noch das Bedürfnis hatte, sich in politische Dinge einzumischen, stand sie ihrem Mann doch mit Rat und Tat zur Seite und nahm ihre Mitverantwortung für das Geschick Preußens wahr. Jetzt war sie als Landesherrin gefordert – eine Aufgabe, der sie sich mit Charme und Überzeugungskraft widmete.

Eine schwere Prüfung hatte die junge Königin zu bestehen, als ihre Lieblingsschwester Friederike sich heimlich und ohne königliche Erlaubnis im Januar 1799 mit Prinz Friedrich von Solms-Braunfels verlobte. Ein Skandal, der damit endete, dass auf Befehl Friedrich Wilhelms die Hochzeit rasch nachgeholt und das Paar von Berlin nach Ansbach verbannt wurde. Luise war außer sich vor Verzweiflung über die Trennung von ihrer Schwester, der zwar schon wenig später großmütig verziehen wurde, die aber fortan keine größere Rolle am Berliner Hof mehr spielte.

Bei allem Bemühen, sich ganz den Gewohnheiten und Wünschen ihres Gemahls anzupassen, war es für Luise schwierig, neben der pedantischen und einförmigen Art und Weise, wie Friedrich Wilhelm sich in sein Amt fügte, ihrem eigenen Leben Gestalt zu geben. Sich ihrem Mann zärtlich hinzugeben und ihn mit seinen nicht wenigen Eigenarten zu akzeptieren, war ihr leicht gefallen. Doch nun musste sie sich zunehmend Freiräume für ihre eigenen Vorlieben und Interessen erkämpfen, für Gespräch und Austausch, Lektüre und Bildung – Bereiche, in die der König ihr nicht zu folgen vermochte.

Das neue Königspaar auf dem preußischen Thron:
Friedrich Wilhelm III. und Luise

Die strahlende Königin

Dekorblatt mit dem Porträt der Königin von Johann Friedrich Tielker

Ich bin nun Königin, und was mich dabei am meisten freut, ist die Hoffnung,
daß ich nun meine Wohltaten nicht mehr werde so ängstlich zu zählen brauchen.

Luise an ihre Großmutter im November 1797

Wir sind glücklich! Ich? So sehr als es eine Königin sein kann.

Es ist aber doch nicht das Glück einer Kronprinzessin. Als ich von dem Glück sprach, so wollte ich sagen: Könnt' ich doch Rang und Würde ablegen, und bloß mit Menschen umgehen, die ich liebe.

Luise an ihren Bruder Georg, 1797, nach der Thronbesteigung

Die Zahl der Gemälde und Abbildungen nahm nach der Thronbesteigung Luises sprunghaft zu. Hier eine Ölmalerei auf dem Deckel einer Dose aus Pappmaché

Der Königin Beispiel wird unendlich viel wirken. Die glücklichen Ehen werden immer häufiger, die Häuslichkeit wird mehr als Mode werden. Jede gebildete Frau und jede sorgfältige Mutter sollte das Bild der Königin in ihrem oder ihrer Töchter Wohnzimmer haben. Welche schöne, kräftige Erinnerung an das Urbild, das jede zu erreichen sich vorgesetzt hätte! Ähnlichkeit mit der Königin würde der Charakterzug der preußischen Frauen, ihr Nationalzug! In unsern Zeiten haben sich wahre Wunder der Verwandlung ereignet. Verwandelt sich nicht ein Hof in eine Familie, ein Thron in ein Heiligtum, eine königliche Vermählung in einen ewigen Herzensbund? Wer den ewigen Frieden jetzt sehen und liebgewinnen will, der reise nach Berlin und sehe die Königin.

Novalis

Das junge Königspaar

Königin Friedrich Wilhelm III.

Königin Luise

Mein Geburtstag war für sie der feierlichste Tag im Jahr,
meine Wünsche als dann zu erraten und zu erfüllen, war ihr ganzes Bestreben.
Wie wohl war mir an solchen feierlichen Tagen bei ihr,
mit welcher liebevollen Freundlichkeit sprach sie zu mir ...
Ihr ganzes Innerstes trat gleichsam hervor und ihr Blick war wie verklärt.

Friedrich Wilhelm über Luise

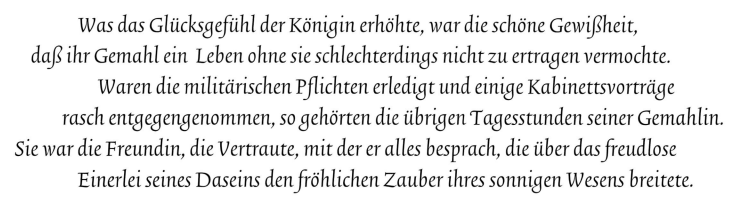

Was das Glücksgefühl der Königin erhöhte, war die schöne Gewißheit,
daß ihr Gemahl ein Leben ohne sie schlechterdings nicht zu ertragen vermochte.
Waren die militärischen Pflichten erledigt und einige Kabinettsvorträge
rasch entgegengenommen, so gehörten die übrigen Tagesstunden seiner Gemahlin.
Sie war die Freundin, die Vertraute, mit der er alles besprach, die über das freudlose
Einerlei seines Daseins den fröhlichen Zauber ihres sonnigen Wesens breitete.

Paul Bailleu

Huldigungsreisen führten das preußische Königspaar in alle Regionen des Reiches. Hier der Hafen von Fahrwasser bei Danzig, 1798

Friedrich Wilhelm

Luise

War ich krank, so war sie meine Pflegerin, und was für eine teilnehmende zärtliche Pflegerin, wenn sie mich für bedeutend krank hielt! In diesem Fall verließ sie fast nie mein Bett und suchte mich durch ihre wahre, nie lästig werdende, ich möchte sagen himmlische Zärtlichkeit und Teilnahme zuzusprechen, zu beruhigen und meinen Schmerz zu erleichtern und erträglicher zu machen. Da war keine Art von Dienst, der sie sich nicht unterzog, um mir Hilfe zu leisten und für mich etwas Angenehmes zu tun. Ja, ich möchte fast sagen, daß in solchen Fällen ihre Liebe zu mir einen noch weit innigeren Charakter erhielt, als gewöhnlich. Ja, ich sagte ihr wohl selbst bisweilen, daß ich manchmal gern krank würde, um mich von ihr pflegen zu lassen, da sie alsdann gar zu gut gegen mich wäre.

Friedrich Wilhelm über Luise

Das neue preußische Königspaar; Gemälde von Georg Weitsch (1758-1828)

Schloss Charlottenburg

Schloss Charlottenburg,
Vorderansicht

Schloss Charlottenburg, Pavillon im
Schlossgarten. Friedrich Wilhelm III.
ließ ihn 1829 von Karl Friedrich
Schinkel errichten

Schloss Charlottenburg, Gartenansicht

In einer göttlichen Hitze sitze ich in dem bewußten Eckchen auf der Bank
und genieße in vollen Zügen die herrlichen lauen Düfte, die das ganze Grün verbreitet,
freue mich im eigentlichen Verstand des Wortes meines Daseins;
denn ohne der angenehmen lieblichen Gemütsverfassung, in der ich mich befinde,
habe ich noch eine prächtige Lektüre in Schillers Gedichten gemacht, die wirklich göttlich sind;
sie gehören dennoch nicht unter die leicht zu verstehende Poesie,
und ich finde dann ihre Schönheit erst, wenn ich sie oft gelesen habe.

Luise an ihren Bruder Georg im Mai 1801 aus dem Park des Schlosses Charlottenburg

Eine kinderreiche Königsfamilie

Familienidylle
auf der Pfaueninsel;
Illustration Ende
19. Jahrhundert

Luise hatte die bewundernswerte Gabe, andere Menschen glücklich zu machen. Sie war fast immer guter Laune und verbreitete Heiterkeit in ihrer Umgebung. Friedrich Wilhelm wurde sie von Jahr zu Jahr mehr die unentbehrliche Freundin und Beraterin und ihren Kindern eine liebevolle, zärtliche Mutter.

Zu ihren beiden ältesten Söhnen, dem Kronprinzen Fritz (dem späteren König Friedrich Wilhelm IV.) und dem Prinzen Wilhelm (dem späteren Kaiser Wilhelm I.) kamen in den folgenden Jahren noch die 1798 geborene Prinzessin Charlotte (spätere Gemahlin Kaiser Nikolaus' I. von Russland), der 1801 geborene Prinz Karl und die 1803 geborene Prinzessin Alexandrine hinzu. In den späteren Jahren des Königsberger Exils kamen 1808 Prinzessin Luise und 1809 Prinz Albrecht zur Welt. Zwei Kinder, Prinzessin Friederike und Prinz Ferdinand, starben im frühen Alter.

Von dem innigen Verhältnis zu ihren Sprösslingen zeugen zahlreiche Briefe, in denen sie freigiebig lobte, anspornte und ermahnte. Am 9. September 1801 schrieb sie an ihr »Kleeblättchen«: »Guten Morgen, liebe, liebe Kinderchen. Papa küßt Euch alle in Gedanken mit mir und trägt mir auf, Euch zu sagen, daß ihm wie mir die Mohrrüben, Erbsen, Kerbel, Petersilie, Bohnen, Kohl und Salat aus Eurem Garten außerordentlich viel Vergnügen gemacht haben. Das sind recht fleißige Kinder! hat Papa gesagt, ich will alles auf ihre Gesundheit essen; und ich sagte, die guten Kinder haben es so gern gegeben, es machte ihnen so viel Freude, es zu schicken, weil sie wußten, Papa und Mama würden sich recht freuen, und das tat ihren kleinen Herzen wohl! – Ja, liebe Kinderchen, wir haben uns recht dazu gefreut und es allen Menschen gezeigt und sie herbeigerufen, daß sie Euren Fleiß bewundern sollten. Heute mittag essen wir ein Gericht Mohrrüben, das Ihr gepflanzt und gezogen habt. Das wird schmecken! ... Nun lebt wohl, liebe Kinder, ich liebe Euch von ganzer Seele und von ganzem Herzen und bin ewig Eure zärtliche Mutter – Luise.«

Luise mit ihrem ältesten Sohn, Prinz Friedrich Wilhelm; Gemälde von Fritz Martin (1859-1921)

Das bürgerliche Familienleben des preußischen Königs und Luises war ein beliebtes Sujet, hier mit den Prinzen Friedrich Wilhelm, Wilhelm und der kleinen Prinzessin Charlotte; Illustration Ende 19. Jahrhundert

Meine gute Charlotte. Ich sende Dir hierbei einen Taler. Glaube nicht, daß ich damit die reizende kleine Girlande bezahlen will, die Du mir geschickt hast und die mir soviel Vergnügen macht. Man kann nicht bezahlen, was Liebe uns darbietet, diese Liebe, die Dich diese Girlande winden ließ und dabei denken: »Sie wird Mama Vergnügen machen, und ich mache Mama so gern Vergnügen.« Sondern ich sende Dir diesen Taler, damit Du heute das Vergnügen haben kannst, einem Armen zu helfen und dafür zu sorgen, daß ein Familienvater mit Frau und Kind vielleicht einmal eine gute Suppe essen und sich sättigen kann. Ich weiß, daß der Gedanke, andern Gutes zu tun, ein wahrer Genuß für Dein gutes kleines Herz ist, und ich bin erfreut, ihm indirekt diesen Genuß verschaffen zu können. Deine zärtliche Mutter und Freundin Luise.

Luise an ihre Tochter Charlotte im August 1801

Königin Luise mit den
Prinzen Friedrich Wilhelm
(»Fritz«) und Wilhelm;
Illustration Ende
19. Jahrhundert

Das Leben am Königshof

Unter den zahlreichen Königinnen,
welche mit und nach der Königin Luise gekommen und gegangen sind,
ist keine zweite, die also noch in lebendiger Erinnerung fortlebte.

Theodor Mommsen

Freundschaften

Der Gedanke, andere glücklich zu machen, macht mich glücklich.

Luise an ihren Bruder Georg im Sommer 1798

Luise hatte ein Faible für die Literatur, die Musik und die bildenden Künste. Sie selbst nahm bei dem berühmten Landschaftsmaler Janus Genelli Zeichenunterricht, förderte den Bildhauer Christian Daniel Rauch, ihren einstigen Kammerdiener, und empfing des öfteren den Bildhauer Johann Gottfried Schadow zu Besuch.

Die Königin liebte literarische und intellektuelle Gespräche; stets suchte sie Kontakt zu interessanten Persönlichkeiten des kulturellen Lebens. Doch war Bildung für sie nicht Selbstzweck, sondern Erlebnis, verbunden mit dem Wunsch, Zusammenhänge verstehen und historische Ereignisse einordnen zu können. Dem König blieben die intellektuellen und geistigen Bedürfnisse seiner Frau stets fremd, und es geschah nicht selten, dass Luise ihr Streben nach Wissen und Erkenntnis ihm gegenüber verteidigen musste. Er witterte in dieser für ihn vollkommen uninteressanten Beschäftigung die Gefahr einer Entfremdung – und somit auch in Luises Freundschaft mit Caroline von Berg, die Luise in ihrem Bildungsdrang vehement unterstützte. Nicht selten fühlte die Königin sich in ihrer sonst so glücklichen Ehe allein gelassen, empfand eine innere Einsamkeit – und sprach dann von »den Tränen, die sie gekostet«. Doch die düsteren Stimmungen gingen immer rasch vorüber – Luise war keine Frau, die sich Illusionen hingab oder sich in Traurigkeit verlor.

In politischer Hinsicht erscheinen die fünf Jahre vor der Schlacht von Jena als eine Zeit des Friedens für Preußen – allerdings nur auf den ersten Blick. Tatsächlich war man vom Ruhm der Zeit Friedrichs des Großen geblendet, der darüber hinweg täuschte, dass der alte Glanz längst verblasst war – und Preußen längst nicht mehr ein wirklicher Machtfaktor auf dem europäischen Kontinent, sondern vielmehr zum Spielball unterschiedlicher politischer Interessen geworden war.

Luise um 1800

Ein Tag im Leben der Königin

Zwischen acht und neun erwachte die Königin; die Kammerfrau Schadow, die Schwester des großen Bildhauers, kam und stellte quer über das Bett ein niedriges Tischchen, von dem Luise das Frühstück nahm, meist einige Tassen Schokolade mit Sahne und Zwieback. Dann erschien die Gräfin Voß, der Küchenzettel wurde besprochen, wobei auf die einfachen Lieblingsspeisen des Königs Rücksicht genommen werden mußte, Putz wurde vorgelegt und die Toiletten für den Tag ausgewählt. Die jüngsten Kinder, die Luise immer gern in ihrer nächsten Nähe hatte, wurden herbeigerufen, die Mutter herzte und küßte sie im Bett und ließ sie dann im Zimmer herumspielen. Luise hatte einen Hang zur Gemächlichkeit, wie sie auch trotz der Mahnungen des Königs sich wenig Bewegung machte. Noch im Bett las sie die Zeitungen, besonders die Hamburger, auch wohl Bücher. Gegen 11 Uhr genoß sie häufig etwas Gerstenschleim, den sie eine Zeitlang wie eine Kur gebrauchte, um stärker zu werden. Gewöhnlich erst nach 11 Uhr erhob sie sich und blieb in einem weißen Morgenkleid mit einem Morgenmützchen, die älteren Kinder empfangend, den Arzt, auch einen oder den anderen ihrer Lehrer im Englischen und in der Musik. Um 12 Uhr etwa kam der König, und mit Luisens Freiheit war es aus. Rasch kleidete sie sich an, um im Tiergarten mit ihm spazieren zu fahren; bei ungünstigem Wetter leistete sie ihm daheim plaudernd Gesellschaft. Pünktlich um 2 Uhr ging es zur Mittagstafel, zu der Luise, die erst Toilette machen mußte, nicht immer rechtzeitig erschien, was der König schmollend zu rügen pflegte. Bei der Mahlzeit trank sie gern Stettiner Bier; von Speisen liebte sie besonders rohen Schinken und Kartoffeln. Nach der Tafel, die eine gute Stunde dauerte, machte sie es sich wohl auf einer Chaiselongue bequem, wobei sie ein Buch las oder auch ein wenig schlummerte. Dann empfing sie Besuche, die Komponisten Himmel oder Reichardt, mit denen musiziert und gesungen wurde. Die kleinen Lieder, die Luise zur Gitarre mit einer angenehmen Stimme vortrug, erfreuten auch den sonst amusischen König. Luise selbst scherzte darüber, daß sie zuweilen deutsch und französisch las, englische Stunden hatte und italienisch sang. Ging die Königin nicht ins Theater, das sie seltener besuchte als der König, so versammelte man sich um sieben zur Teestunde, wobei sie selbst fast niemals Tee nahm. Sie suchte dabei die Unterhaltung in Gang zu bringen, was ihr freilich nicht immer gelang. Meist saßen die Damen über ihren Handarbeiten, während die Herren sich mit Schach oder Kriegsspiel beschäftigten. Häufig wurde auch Karten gespielt, namentlich Rabuge. Zuweilen las Buch (Kammerherr) vor, Memoirenliteratur; zuweilen zogen sich auch König und Königin zu eigener gemeinsamer Lektüre in ein Nebenzimmer zurück. Um neun schloß sich ein Abendessen an, bei dem es ... nicht lebhafter herging als während der Teestunde.

Paul Bailleu, Rekonstruktion eines normalen, durchschnittlichen Tages der Königin

Luise als Hebe. Im Hintergrund das Brandenburger Tor; Gemälde von Wilhelm Wach (1787-1845)

Pastellbild der Königin

Da Sie nicht nur die Oberhofmeisterin, sondern auch die Oberaufseherin des königlichen Gesichtshäutchens sind, würden Sie sehr schelten, wenn Sie wüßten, daß ich nach Tische, erhitzt, mit geröteter Nase schreibe. Aber meine kindliche Ergebenheit zwingt mich dazu. Ich bitte Sie, schicken Sie diesen Brief durch einen Boten an Papa und Großmama; da es ein Jahrhundert her ist, daß ich ihnen geschrieben habe, kümmere ich mich nicht um gerötete Nase, Erhitzung, verdorbenen Teint usw. ... Leben Sie wohl, liebe Gräfin, ich mache heute unerhörte Sachen; ich habe schon vier Briefe geschrieben, habe gelesen, gegessen und will jetzt spazierengehen ... Sagen Sie Lentz (Hofrat), wenn die Kopfkissen für mein Bett noch nicht gemacht sind, so bitte ich ihn, sie rosafarbig zu machen, aus Taft oder Atlas, das ist gleich. Dann die Decke von weißem Atlas, gesteppt. Ich würde Sonnabend in Charlottenburg gern die Teppiche in den Galerien sehen. Wenn meine gute Gélieu dies alles lesen würde, würde sie mit recht sagen: »Das sind sehr viele nichtsnutzige Einfälle.«

Luise an Gräfin Sophie von Voß, ihre Oberhofmeisterin, aus Potsdam am 1. November 1803

Luise im Reitkleid

Allerdurchlauchtigster, Großmächtigster König und Herr! Unter den vielen Bittschriften, die Ihre Königliche Majestäten täglich bekommen, möge doch der Herr wollen, daß diese mit einem gnädigen Blick beleuchtet werde, damit meine alleruntertänigste, demütigste, wehmütigste Bitte nicht unbefriedigt bleibe. Hierbei liegende Strümpfe sollen als Probe meiner Geschicklichkeit in der Strickerkunst zum Beweise dienen und mir hoffentlich mein Gesuch zu erlangen helfen, es besteht nämlich darin: » daß Ihro Majestäten die Gnade für mich hätten und mir zukünftig alle dero Strümpfe stricken ließen und mir dabei den Titel als wirkliche Hofstrickerin allergnädigst erteilen ließen.« Diese hohe Gnade würde ich all mein Leben in tiefster Untertänigkeit erkennen und mit dankbarem Herzen ersterben. Ew. Königl. Majestät als aller untertänigste Magd und Untertanin – Luise.

Luise an Friedrich Wilhelm, ironisch-spöttischer Brief vom 10. September 1799 aus Paretz

Kostümball

In der Berliner Gesellschaft, besonders unter den jüngeren Leuten, herrschte ein Gefühl ritterlicher Ergebenheit
gegen die Königin. Ein sonniges Lächeln oder ein Blick ihrer hell lachenden Augen ist eine Gunstbezeugung,
nach der man eifrig trachtet. Wenige Frauen sind mit so viel Lieblichkeit begabt als sie,
und sie ist ebenso liebenswürdig und anmutig, wie sie schön ist; sie ist voll Lebhaftigkeit und geht mit Geist und Freude
auf jedes Vergnügen ein. Doch ich muß innehalten, oder Ihr werdet denken, daß mir der Kopf verdreht ist,
wie es schon so viele Köpfe sind, durch die Schönheit und Anmut der Königin Luise von Preußen.

George Jackson, Sekretär der Englischen Gesandtschaft in Berlin, an seine Schwestern, 1803

Die Maskierungen der Königin waren ein sehr beliebtes Sujet bei den Malern der Zeit. Luise
hatte große Freude daran, sich zu verkleiden, nicht nur zu den Maskenbällen, die anlässlich
ihrer Geburtstagsfeste am Berliner Hof stattfanden, sondern auch zu Theateraufführungen und
»Lebenden Bildern«, an denen sie selbst voller Lust und Temperament mitwirkte.

Luise als Vestalin

Luise als Nonne

Luise im Theaterkostüm

Luise als Statyra

Noch einmal Luise als Statyra

Freundinnen

Links: Caroline von Berg, geborene von Haeseler, Freundin der Königin Luise

Rechts: Marie von Kleist, geborene von Gualtieri, Vertraute Luises vor allem in ihren Jahren als Kronprinzessin und in ihren ersten Jahren als Königin

In Marie von Kleist, einer Tante des Dichters Heinrich von Kleist, und deren Schwager Oberst Christian Karl August von Massenbach, einem Jugendfreund Schillers, fand Luise schon in ihrer Zeit als Kronprinzessin die geistige Anregung, die sie so sehr suchte. Besonders mit Marie von Kleist verband sie eine noch ganz auf die Empfindsamkeit des achtzehnten Jahrhunderts eingestimmte schwärmerische Freundschaft. Jean Pauls Dichtungen, denen sie sich in dieser Zeit widmete, passten mit ihrer gefühlsbetonten romantischen Haltung gut zu dem Grundton dieser Freundschaft. Doch hat Luise nie jene unbedingte Verehrung für den sehr eigenwilligen Dichter empfunden, wie sie damals bei den Frauen Berlins Mode war. Ihre auf Harmonie und Ausgleich bedachte Natur hatte für exaltierte Romantik nicht viel übrig.

Vor allem die Freundschaft mit Caroline von Berg, der langjährigen Freundin des Freiherrn vom und zum Stein, und der lebhafte Gedankenaustausch mit ihrem Lieblingsbruder Georg waren von entscheidendem Einfluss auf Luises Entwicklung. Caroline von Berg hatte persönlichen Kontakt zu Johann Wolfgang Goethe, Friedrich Schiller und Johann Gottfried Herder, kannte sich in der kulturellen Welt Weimars bestens aus und suchte Luise mit der Welt der Klassiker vertraut zu machen. Durch sie fand Luise bald Anschluss an die kulturellen Strömungen der Zeit. Und nicht zuletzt fand ihr seit jeher ausgeprägter Bildungshunger endlich Nahrung und Resonanz.

Es waren die Werke Goethes und Schillers, die die Königin begeisterten; besonders die Friedrich Schillers – sein ethischer Heroismus begeisterte sie, und seine Gedichte, Dramen und Geschichtswerke entsprachen ganz ihrem idealistisch veranlagten Sinn. Sie gehörten zeitlebens zu ihrer Lieblingslektüre.

Ich bitte Sie aus meines Herzens Grunde, mir Ihre zärtliche Freundschaft zu erhalten, die von unschätzbarem Werte für mich ist ... Wie angenehm ist es doch, eine Freundin zu haben, welche die Sprache des Herzens versteht.

Luise an ihre Freundin Marie von Kleist, 1798

Glauben Sie an meine Freundschaft, die ich langsam gebe, aber dann für's Leben, wenn ich ein Herz finde wie das Ihrige.

Luise an ihre Freundin Caroline von Berg, 1800

Fürstin Louise von Radziwill,
Schwester des umschwärmten Prinzen Louis Ferdinand,
stand Luise von allen Damen des Hofes am nächsten

Memel 1802

In diesem Haus in Memel traf das preußische
Königspaar Kaiser Alexander

Im Kampf der europäischen Mächte um die Vorherrschaft auf dem Kontinent stand Preußen
zwischen Frankreich und Russland, die beide versuchten, das Königreich zu einem Bündnis zu
bewegen. Zwischen dem preußischen Königspaar und Kaiser Alexander von Russland kam es bei
ihrer ersten Zusammenkunft in Memel im Juni 1802 zu einer sehr herzlichen, ja freundschaftlichen
Beziehung – nicht zuletzt durch Luise, deren Gefühle sich heftig für Alexander entzündeten. Aber
auch Napoleon bemühte sich seinerseits durch allerhand persönliche Aufmerksamkeiten um das
preußische Königspaar. Friedrich Wilhelm konnte sich jedoch zu keiner Entscheidung durchringen;
seine Maxime war, zu allen politischen Mächten den gleichen Abstand zu halten und unter allen
Umständen den Frieden als oberstes Ziel im Blick zu behalten. Obwohl sowohl Russland als auch
Frankreich mit nicht nachlassender Energie eine Koalition mit Preußens König anstrebten, blieb
Friedrich Wilhelm III. – sehr zum Ärger Luises – der von Friedrich Wilhelm II. übernommenen,
doch längst überholten Neutralitätspolitik treu.

Durch diese unentschiedene Haltung geriet Preußen zunehmend in die Isolation. Unbeirrt
glaubte Friedrich Wilhelm daran, ohne militärische Machtmittel, allein durch Diplomatie sein
Land aus den Auseinandersetzungen in Europa heraushalten zu können. Luise hatte mit diesem
ausweichenden Verhalten, das sie als eine grundlegende charakterliche Schwäche ihres Mannes
ansah, die größten Probleme. Für sie war unmissverständlich klar: Sie stand auf der Seite des Zaren.
In ihrer Verliebtheit für Alexander sah sie genügend Belege für die wachsende Verbundenheit
zwischen Preußen und Russland. Sie schrieb gefühlvolle, ja leidenschaftliche Briefe an den Kaiser
in St. Petersburg, versicherte ihn ihrer Freundschaft und Zuneigung.

Die Unentschlossenheit ihres Gemahls führte schließlich dazu, dass Napoleon im Mai 1803
Hannover besetzte, ohne dass Preußen mehr als pflichtschuldige Einwände erhob. Solange er nicht
selbst im eigenen Lande angegriffen wurde, sah Friedrich Wilhelm keinen Anlass zum Handeln.

Begegnung mit Kaiser Alexander von Russland am 10. November 1802 in Memel. In der Mitte (von links nach rechts): Luise, Alexander, Friedrich Wilhelm. Die dritte Person von links am linken Rand ist Sophie Gräfin von Voß, die Oberhofmeisterin

Da Sie mir, mein lieber Vetter, versichern, daß Sie sich über Nachrichten von mir freuen, schreibe ich Ihnen voller Vertrauen und ohne Sorge, indiskret zu sein. Die Erinnerung an Memel, die Sie in mir wachgerufen haben, entzückt mich! Und ich knüpfe daran dieselben Versprechen wie Sie – wie die Zeit hingeht, das ist unerhört und unbegreiflich.

Der König hat Ihr Gedenken sehr empfunden, er trägt mir alle Versicherungen wärmster und unwandelbarer Freundschaft auf ... Ich wünschte, Sie hätten besseres Wetter als wir hier, denn auf einen schönen Tag haben wir fürchterliche Gewitter und unerträglichen Regen. Wenn ich nicht ausreiten oder ausgehen kann, gehe ich aus Verzweiflung ins Schauspiel, und ich nehme an, daß Sie es ebenso machen.

Ich danke Ihnen aufrichtig für das Interesse, das Sie an meiner Gesundheit nehmen, es geht mir besser, wenn meine Gesundheit auch noch nicht beständig ist; ich hoffe, daß es rasch besser wird.

Luise an Kaiser Alexander I. von Russland

Man tanzte Polonaise ohne Ende und ohne Unterlaß, man unterhielt sich in stummen Wendungen,
man tanzte eine Ecossaise und dann eine Polonaise, man vergnügte sich
wie die Kinder und sprang herum wie die Böckchen, alles war glücklich und zufrieden.

Luise, Tagebuchaufzeichnung über einen Ball anlässlich
des Besuches von Kaiser Alexander von Russland in Memel

Er fuhr fort, große Tränen hatte er in den Augen, ebenso wie der König ...
Alle begleiteten ihn hinunter; ich allein blieb oben an einem Fenster, das nach dem Hofe ging,
wo sein Reisewagen hielt. Von hier nickte er uns zum letztenmal
aus seinem Wagen zum Abschied zu. Ich fühlte, welche Wehmut es ihm bereitete, uns zu verlassen.

Luise, Tagebuchaufzeichnung über den Abschied Kaiser Alexanders in Memel

Das Haus des Kaufmanns Consentius in Memel. Hier wohnte das preußische Königspaar 1802 und auch während der Verbannung in den Jahren 1807/1808

Königin Luise 1802

Ach wie viel ist mir diese Bekanntschaft wert! Nicht ein Wort, welches man zu seinem Lobe ausspricht,
kann je in Schmeichelei ausarten, denn er verdient alles, was man nur Gutes sagen kann ...
Die Memeler Entrevue war göttlich, die beiden Monarchen lieben sich zärtlich und aufrichtig,
gleichen sich in ihren herrlichen Grundsätzen, der Gerechtigkeit, Menschenliebe und Liebe zum Wohl und Beförderung
des Guten. Auch der Geschmack ist gleich. Viel Einfachheit, Haß der Etikette und Gepränge des König- und Kaisertums.
Alles ging erwünscht und gut und es wird immer so gehen. Mein guter König läßt Dir tausend Schönes sagen,
benahm sich wie ein Engel und verbreitet Enthusiasmus, so aber auch der Kaiser.

Luise an ihren Bruder Georg am 13. Juli 1802 über die Zusammenkunft
mit Kaiser Alexander I. von Russland in Memel

Die schöne Helena

Ich glaube, ich sagte Dir schon einmal, daß sie sich im letzten Jahr ganz besonders an mich geschmiegt hatte ...
Sie war so gut gegen mich, der König war ihr mit so viel Wohlwollen zugetan, wir verlebten so angenehme Stunden
in ihrer Gesellschaft ... Unter welchen Leiden gab sie ihren Geist auf! Ja, sogar die Agonie,
die bei dieser Krankheit nie, nie stattfindet, war fürchterlich ... Gerade an dem Tag, wo Du mir zum letztenmal schriebst,
daß Du überzeugt wärest, sie könne nicht sterben, starb sie. Am 24. September um halb zehn. Und ich,
ich tanzte den ganzen Tag. Dieses ist mir eine so horrible Vorstellung, die mich quält und plagt. Du begreifst es gewiß.

Luise an ihren Bruder Georg am 27. Oktober 1803, nach dem Tod Helena Pawlownas

Erbprinzessin Helena Pawlowna von Mecklenburg-
Schwerin, Gemahlin des Erbprinzen Friedrich Ludwig,
Schwester des Zaren Alexander I.

Schon vor der ersten Begegnung mit Alexander I., die in gewisser Weise durch Helena Pawlowna,
der Schwester des russischen Kaisers, vorbereitet worden war, hatte Luise in der schönen Prinzessin eine wunderbare Freundin gewonnen. Selbst der ansonsten so spröde und unzugängliche
Friedrich Wilhelm war heftig für Helena entflammt – eine Verliebtheit, die Luise nicht im mindes-
ten beunruhigte, über die sie sich vielmehr lustig machte. Doch 1803, ein Jahr nach der »göttlichen
Entrevue« von Memel, erkrankte Helena Pawlowna schwer. Luise versuchte mehrmals vergeblich,
die Freundin zu einem Genesungsaufenthalt in Sanssouci zu bewegen. Als die Prinzessin kurz
darauf so jung starb, war das preußische Königspaar untröstlich.

Helena und Alexandra Pawlowna von Russland; Gemälde von Elisabeth Vigée-Lebrun (1755-1842)

Die Pfaueninsel

Das Schlösschen auf der Pfaueninsel

Ein preußisches Arkadien ist die Pfaueninsel unweit von Berlin und Potsdam. Die Havel trennt das Anwesen von der geschäftigen Welt. Neben Paretz war das Schlösschen auf dem idyllischen Eiland einer der Lieblingsaufenthaltsorte von Luise und Friedrich Wilhelm – ein romantisches Landhaus, von dem aus man die stille, friedliche Seenlandschaft überblicken konnte. Die Zimmer waren recht klein und einfach ausgestattet. Alles auf dieser Insel war geeignet, um hier Ruhe und Behagen zu finden. Eine Attraktion waren die schönen Pfauen, denen die Insel ihren Namen verdankt.

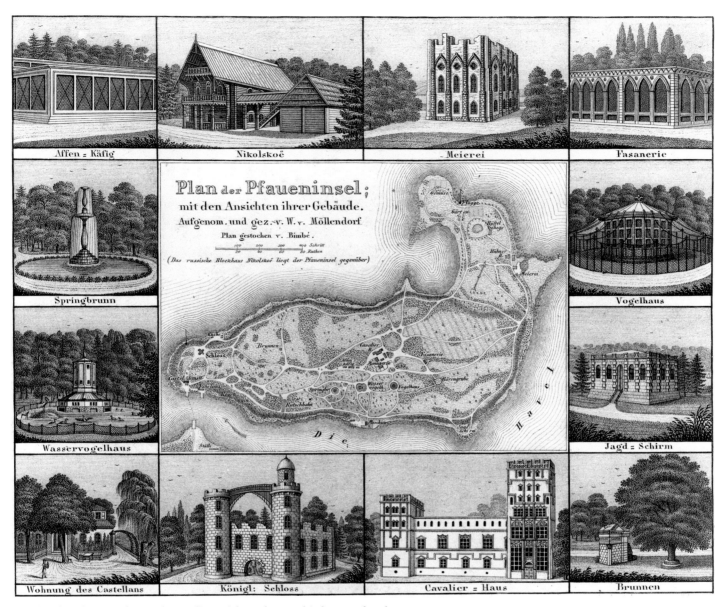

Der Plan der Pfaueninsel, im Rahmen die Ansichten der verschiedenen Gebäude

Das Kavaliershaus, das so genannte Danziger Haus. Friedrich Wilhelm III. hatte hier von Karl Friedrich Schinkel die Fassade eines abgebrochenen gotischen Hauses aus Danzig anbauen lassen

Die Jahre vor dem Krieg

Ich glaube noch diese Fürstin zu sehen, hingestreckt auf ein prächtiges Sofa,
ein goldener Dreifuß neben ihr, ein Schleier von orientalischem Purpur um die elegante,
anmutige Taille. In dem Klang ihrer Stimme lag eine so harmonische Sanftheit, in ihren Worten
etwas so liebenswürdig und rührend Hinreißendes, in ihrer Haltung so viel Reiz und Majestät,
daß ich einige Augenblicke völlig betroffen mich einer jener Erscheinungen gegenüber glaubte,
deren berückende und bezaubernde Bilder uns die Fabeln der alten Zeit geschildert haben.

Graf Philippe Paul de Ségur, Adjutant Napoleons und späterer Historiker, in seinen »Erinnerungen«

Bündnisse

Die politische Entwicklung in Europa und der Eroberungsdrang Napoleons gingen an Preußen nicht vorüber – allen Hoffnungen Friedrich Wilhelms III. zum Trotz. Immer stärker sah sich der König einer ausgeprägt antinapoleonischen Stimmung im Land gegenüber; patriotische Gefühle, die sich an dem Wunsch entzündeten, den machthungrigen französischen Kaiser in die Schranken zu weisen, ergriffen weite Teile der Bevölkerung. Weder vom Adel und den Beamten noch vom Militär und im Volk erhielt Friedrich Wilhelm Rückhalt für seine Politik des Heraushaltens.

Verschiedene Koalitionen gegen Napoleon endeten desaströs: Weder Österreich noch England vermochten den Vormarsch der Franzosen zu stoppen; die angezettelten Kriege und Schlachten endeten stets mit für Napoleon günstigen Friedensschlüssen.

Nach einer nur kurzen Zeit des Friedens kam es 1805 zwischen England, Österreich und Russland zur Bildung der dritten gegen Napoleon gerichteten Koalition. Wieder einmal zögerte Preußen und hielt sich bei dem im Herbst ausbrechenden Krieg zurück. Zu sehr wiegte man sich ungeachtet des wachsenden Einflusses der Franzosen in einer trügerischen Sicherheit, lebte man am Berliner Hof so unbeeindruckt und ungeniert weiter im gewohnten Stil, als sei der Sturz der europäischen Dynastien von unerheblicher Bedeutung.

Nur wenige Minister erkannten die drohende Gefahr. Einzig Karl Freiherr vom und zum Stein schien das Kommende vorauszusehen, kritisierte die Ahnungslosigkeit der königlichen Regierung: »Wir amüsieren uns mit Kunststücken der militärischen Tanzmeisterei und Schneiderei, und unser Staat hört auf, ein militärischer Staat zu sein und verwandelt sich in einen exerzierenden und schreibenden.«

Napoleon marschierte weiter voran und ließ ungeachtet der von Friedrich Wilhelm versicherten Neutralität seine Truppen durch das damals noch preußische Ansbach marschieren. Es war nicht der erste Machtübergriff, mit dem der französische Kaiser Preußen provozierte, doch damit nahm eine Tragödie ihren Lauf, die mit dem Untergang des alten Hohenzollernreiches enden sollte.

Königin Luise, die sich bis dahin von jeder politischen Einfluss- und Stellungnahme ferngehalten hatte, nahm von nun an leidenschaftlichen Anteil an der politischen und militärischen Entwicklung. Voller Wut und Enttäuschung über den Ansbacher Neutralitätsbruch richtete sie ihre ganze Empörung gegen Napoleon. War dies nicht schon im Grunde der Krieg? Gab es für Preußen

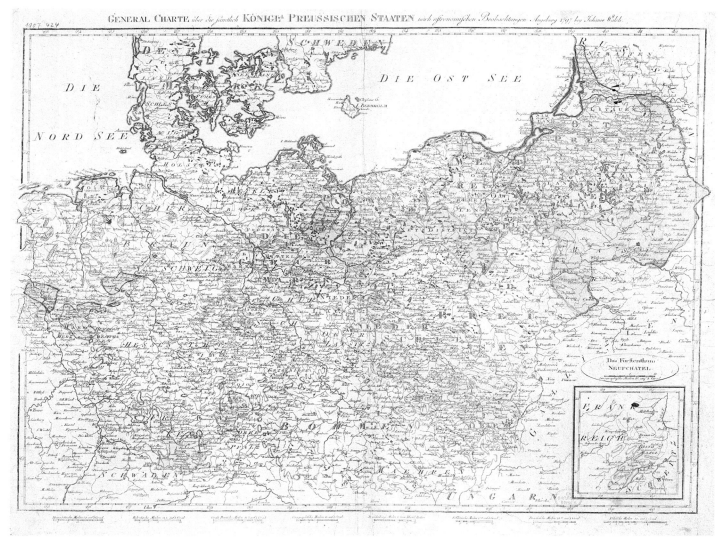

Karte des preußischen Königreiches, 1797

Zur Ehre der öffentlichen Meinung muß ich gestehen, daß, so viele Jahre ich Preußen kenne,
ich das Nationalgefühl nie so tief verletzt gesehen habe als in diesem Augenblick.

Der schwedische Gesandte Karl Gustav Freiherr von Brinkmann
nach dem Abschluss des Schönbrunner Vertages von 1805

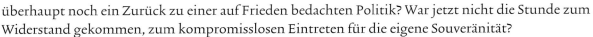

überhaupt noch ein Zurück zu einer auf Frieden bedachten Politik? War jetzt nicht die Stunde zum Widerstand gekommen, zum kompromisslosen Eintreten für die eigene Souveränität?

Dass Friedrich Wilhelm sich selbst jetzt noch nicht zu einer entschiedenen Haltung durchzuringen vermochte, erbitterte Luise zutiefst. Es kam zu gravierenden Zerwürfnissen in der königlichen Familie. Die Königin musste erkennen, dass von dem angeschlagenen und mangelnden Selbstvertrauen ihres Gemahls kein couragiertes Handeln zu erwarten war. Immerhin wurde die Mobilmachung der preußischen Armee befohlen, und Luise verzichtete schweren Herzens auf die lange geplante Reise zu ihrem Vater nach Neustrelitz, auf die sie sich sehr gefreut hatte. Und als die ersten Nachrichten von den Niederlagen der Österreicher bei Hofe eintrafen – man feierte gerade in Paretz den zehnten Geburtstag des Kronprinzen –, schien auch Friedrich Wilhelm langsam zu begreifen, dass er wohl künftig an den Fakten nicht mehr vorbeikam.

Am 15. Februar 1806 war Preußen jedoch gezwungen, erneut einen Vertrag mit Frankreich unterzeichnen. Friedrich Wilhelm blieb in diesem Fall gar keine andere Wahl, da er im Vertrauen auf Absichtsbekundungen Napoleons voreilig den größten Teil seiner Truppen demobilisiert hatte. Die demütigenden Bestimmungen – unter anderem die Abtretung verschiedener Gebiete, die Anerkennung französischer Eroberungen und das Angriffs- und Verteidigungsbündnis gegen England – demoralisierten die Stimmung in Berlin auf ein kaum vorstellbares Maß.

Immer wieder versuchte Luise, ihren Gemahl von der wachsenden Gefahr zu überzeugen, die Preußen aus dem Bündnis mit Frankreich drohte, und ihn zum Zusammengehen mit Russland zu bewegen. Ihre Meinungsverschiedenheiten mit dem König blieben dem Umkreis des Hofes nicht verborgen. Ein russischer Diplomat berichtete damals aus Berlin: »Die arme Königin ist wirklich unsere Freundin ... Sie ist sehr zu beklagen; lassen Sie sich alle die Szenen erzählen, die sie mit ihm gehabt hat, und alle Tränen, die wir sie kosteten.«

Königin Luise 1805/06;
Skulptur von Emil Hundrieser
(1846-1911)

Luise im Jahr 1805; Gemälde von Wilhelm Ternite (1786-1871)

Marianne

Prinz Wilhelm d. Ä., der jüngste Bruder König Friedrich Wilhelms III. und Schwager Luises, vermählte sich 1804 mit Prinzessin Marianne von Hessen-Homburg. Sie wurde eine der engsten Freundinnen der Königin, wovon ein leidenschaftlich geführter, ja bisweilen intimer Briefwechsel Zeugnis gibt. In den schweren Schicksalsjahren vor und nach der Niederlage von 1806 waren Marianne und Luise sehr vertraut miteinander. Nach dem Tod Luises 1810 stieg Marianne zur ersten Frau des Berliner Hofes auf und widmete sich auf Wunsch von König Friedrich Wilhelm III. im Besonderen dem Gedenken der früh verstorbenen Königin.

Prinzessin Marianne,
Schwägerin und Vertraute der Königin Luise

Prinz Wilhelm von Preußen,
Bruder Friedrich Wilhelms III. und
Gemahl der Prinzessin Marianne

Den ganzen lieben Morgen hört man nichts als den Lärm der Waffen, der Kanonen und Gewehre, nicht zu vergessen das ewige Rufen der Offiziere. Dies könnten Sie noch gern ertragen. Der Prinz exerziert von sieben bis zehn, geht dann zur Parade, dann muß er sich anziehen für das Mittagsmahl, so daß ich ihn nicht sehe. Von halb elf bis zwölf ist die Königin bei mir oder ich bei ihr. Um zwölf ziehn wir uns für das Mittagsmahl an. Genau zehn Minuten vor ein Uhr muß man bei der Königin sein, und wenn das langweilige Glockenspiel sagt, daß es ein Uhr sei, setzt man sich zu einem sehr einfachen Mahl mit vier oder fünf Offizieren. Nach dem Essen langweilt man sich im Zimmer bis drei Uhr. Um vier Uhr bin ich im Wagen zu zweien mit der Königin. Gewöhnlich gehen der König und seine Brüder und sein Schwager zu Fuß, und wir treffen uns in der Allee von Sanssouci, wo wir nach Belieben spazieren gehen, bei einer sehr schneidenden Kälte. Vorgestern ist die Königin ins Wasser gefallen, was unsern Spaziergang abgekürzt hat. Um sechs Uhr präzis muß man wieder in dem Gelben Zimmer sein, wo Sie auch nach dem Mittagsmahl gewesen sind. Jetzt naht der schreckliche Augenblick: Wir sitzen um einen Tisch, um zu arbeiten und den Tee zu nehmen. Wenn er genommen ist, beginnen der König und seine Brüder zu lesen; so sind wir natürlich verpflichtet zu schweigen. Manchmal setzen die Königin und ich uns in ein anderes Zimmer; das geht denn sehr gut, aber das ist dem König nicht recht. Niemand geniert sich; man bleibt sitzen, wenn die Majestäten stehn. Um halb neun setzt man sich zum Nachtessen, ich immer zwischen den Majestäten an einem kleinen runden Tisch mit der lieben Familie zu sechsen; die Damen und Herren sind an einem andern Tisch. Gewöhnlich spricht niemand, und man unterhält sich mit dem Lesen der Speisekarte. Um neun tritt der wachhabende Offizier ein mit dem Rapport; man steht auf, zieht sich durchs Zimmer oder arbeitet noch bis halb elf; das ist die ersehnte Stunde, in der man sich zurückzieht.

Prinzessin Marianne, Luises Schwägerin, aus Potsdam im Frühjahr 1804,
wenige Wochen nach ihrer Hochzeit mit Prinz Wilhelm von Preußen

Die Lust zu schreiben

*Ich danke Dir noch tausendmal, lieber bester Freund, für die Liebe und Freundschaft, welche Du mir
heute morgen in der Bezahlung meiner Schulden bewiesen hast. Ich werde nie die Délicatesse vergessen,
die Du für mich hattest, schon vor zwei Jahren eine beträchtliche Summe für mich zu bezahlen,
ohne Dich zu nennen; und meine Dankbarkeit wird nie enden mit meinem Leben und meiner Liebe.*

Luise an Friedrich Wilhelm am 18. August 1803

Luise war eine ebenso eifrige wie leidenschaftliche Briefschreiberin. Ihre Korrespondenz umfasst
mehrere Bände. Vater und Großmutter, Schwestern und Bruder, Verwandte, Politiker, Freundinnen und Vertraute und immer wieder – wenn er nur für ein paar Tage abwesend war – ihr Gemahl
waren die bevorzugten Adressaten ihrer zumeist in Französisch (oft mit kleinen »deutschen Ein-
sprengseln«) abgefassten Briefe. Auch Zar Alexander I., für den Luise eine aufrichtige, ja schwärmerische und durchaus erotisch gefärbte Freundschaft empfand, erhielt Dutzende von Briefen, in
denen sie ihm von den kleinen persönlichen und großen politischen Dingen erzählte, die sie
bewegten.

Täglich saß Luise an ihrem Schreibpult und verfasste Briefe – nicht immer orthographisch ein-
wandfrei – an alle Welt; bisweilen mehrere Schreiben hintereinander an einen Adressaten, stets
engagiert und voller Gefühl. Manchmal auch schrieb sie an einem Brief mehrere Tage lang, immer
wieder unterbrochen von den Pflichten des Alltags – ein Dialog, den die kommunikationsfreudige
Königin für ihr emotionales Gleichgewicht brauchte.

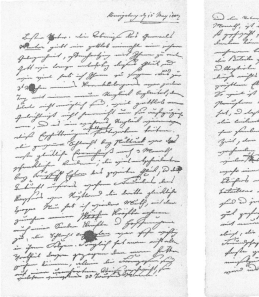

Ein Brief von Königin Luise aus Königsberg an ihren Vater

Porträt der Königin in Aquatinta

Wer einen der Briefe der Königin Luise in Händen hält, erspürt das einmalige Fluidium ihrer Nähe. Zunächst rührt das Äußere an; gealterte, vergilbte, behutsam zu entfaltende Papierbögen in unterschiedlichen Formaten, die Ränder mit zierlichen klassizistischen Borten und Vignetten bestanzt, auch mit pastellartigen Strichen umgeben ... Dann die Handschrift! Ihre Bildhaftigkeit läßt sich nicht in Worte übersetzen; man muß sie sehen, und man wird sie unmittelbar als Spiegelungen von Stimmungen und Gedanken empfinden. Auffallend sind die Unterschiede von ruhig oder erregt geschriebenen Zeilen, bedachtsam oder spontan gesetzten, ja gehetzten Worten. Winzig kleine Buchstaben wechseln mit erschreckend großen. Briefe an die hessische Großmutter sehen natürlich gesittet aus; dagegen flüchtig, sogar liederlich viele an den Bruder Georg. Er hob ihre Kinderbriefe auf mit den noch ungelenken Schriftzügen bis hin zu den backfischhaften mit übermütigen Karikaturen.

Malve Gräfin Rothkirch

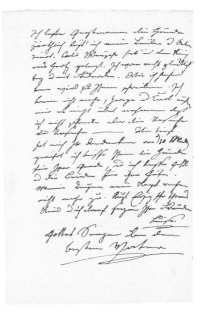

Alexander in Berlin

Parade des Garde du Corps vor König Friedrich Wilhelm III. und dem Zaren Alexander I. auf dem Schlossplatz in Berlin am 25. Oktober 1805. In der ersten Reihe: der Zar, der König, Kronprinz Friedrich Wilhelm und Prinz Wilhelm (Söhne des Königspaares), Prinz Heinrich (der Jüngere) und Prinz Wilhelm (der Ältere)

Nach dem Einmarsch der französischen Armee in Österreich kam nun endlich – bei einem Besuch Alexanders I. in Berlin Ende Oktober 1805 – das von Luise heiß ersehnte Bündnis Preußens mit Russland zustande. Bis zuletzt hatte Friedrich Wilhelm gezögert. Kurz vor der Abreise des Zaren fand gegen Mitternacht in der Potsdamer Garnisonkirche eine denkwürdige Szene statt: Am Grab Friedrichs des Großen reichten Luise, Alexander und Friedrich Wilhelm einander die Hände zum Schwur unverbrüchlicher Freundschaft – eine symbolische Geste, die von Luise zweifellos als der Höhepunkt ihres politischen Lebens empfunden wurde.

In den vorangegangenen Gesprächen hatte man sich darüber verständigt, Napoleon ein Ultimatum zu senden, in dem die Unabhängigkeit der Schweiz, Neapels, Hollands und die Räumung sämtlicher besetzter Gebiete Deutschlands gefordert wurde. Aber noch bevor der preußische Unterhändler das Schreiben Napoleon überreichen konnte, wurden die Russen und die Österreicher am 2. Dezember 1805 bei Austerlitz vernichtend geschlagen.

Am Sarg Friedrichs des Großen:
Friedrich Wilhelm, Luise und
Alexander (von links nach rechts);
Gemälde von Oskar Wisnieski
(1819-1891)

Ein politischer Charakter ist die Königin Luise nicht eigentlich gewesen, trotz ihrer tiefen
und innigen Teilnahme an den Geschicken des Staates und des Volkes.
Schon ihre Menschenkenntnis und ihr Verhältnis zu den leitenden Staatsmännern
waren nicht ganz frei von Schwäche und Laune.

Friedrich Meinecke

König Friedrich Wilhelm III. von Preußen begrüßt Kaiser Alexander I. von Russland; Illustration Ende 19. Jahrhundert

Die Garnisonkirche war mit Wachslichtern erleuchtet; tiefes Schweigen herrschte rings umher:
es war ein Augenblick der Weihe. Die anziehende Kraft eines großen Geistes wirkte
mit ihrer ganzen Magie auf Alexanders edles Gemüt.

Überwältigt von seinen Empfindungen, küßte er den Sarg, der die teuren Überreste
des Einzigen umschließt. Alle Anwesenden waren von dem Anblick gerührt, erschüttert ...

Königlich Privilegierte Berlinische Zeitung von Staats- und Gelehrten Sachen
über den Treueschwur von Luise, Friedrich Wilhelm und Alexander in der
Gruft König Friedrichs des Großen zu Potsdam um Mitternacht, 4./5. November 1805

Eine weitere Darstellung des Treueschwurs am Grab Friedrichs II.; nach einem Gemälde von Georg Weitsch (1758-1828)

Zar Alexander I. von Russland

Königskinder

Die königliche Familie im Park von Schloss Charlottenburg um 1805. Links: Prinz Wilhelm und Prinzessin Charlotte; stehend Kronprinz Friedrich Wilhelm (»Fritz«), Prinzessin Alexandrine, Prinz Karl. In der Mitte und rechts: sitzend König Friedrich Wilhelm III., Königin Luise, Prinzessin Marianne; dahinter Prinz Wilhelm und Prinz Heinrich, die Brüder des Königs; nach einem Gemälde von Heinrich Dähling (1773-1850)

Es ist mein heißester, mein liebster Wunsch, meine Kinder
zu wohlwollenden Menschenfreunden zu bilden;
auch nähre ich die frohe Hoffnung, diesen Zweck nicht zu verfehlen.

Luise an den Leipziger Professor Heidenreich

Die königliche Familie: Der König führt Luise den Kronprinzen Friedrich Wilhelm als ernannten Offizier zu; im Arm der Königin Prinzessin Charlotte, daneben Prinzessin Alexandrine. Rechts die Prinzen Wilhelm und Karl; nach einem Gemälde von Heinrich Dähling (1773-1850)

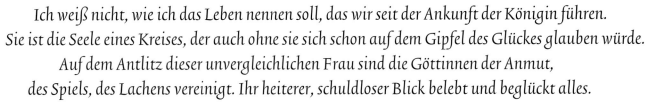

Ich weiß nicht, wie ich das Leben nennen soll, das wir seit der Ankunft der Königin führen.
Sie ist die Seele eines Kreises, der auch ohne sie sich schon auf dem Gipfel des Glückes glauben würde.
Auf dem Antlitz dieser unvergleichlichen Frau sind die Göttinnen der Anmut,
des Spiels, des Lachens vereinigt. Ihr heiterer, schuldloser Blick belebt und beglückt alles.

Therese, Luises Schwester, am 2. Juni 1799 in Hildburghausen,
wo die Familie bei der Schwester Charlotte versammelt war

Die königliche Familie
auf der Pfaueninsel;
Illustration
Ende 19. Jahrhundert

Luise mit ihren beiden
ältesten Söhnen;
Gemälde um 1900

Familienidyll; Illustration Ende 19. Jahrhundert

Die junge Mutter; Illustration Ende 19. Jahrhundert

König Friedrich Wilhelm III. und Königin Luise mit ihren Kindern am Weihnachtsabend 1803. Die Prinzen exerzieren militärisch zackig und korrekt

Königin Luise; Gemälde von Johann Heinrich Schröder (1757-1812)

Die Katastrophe

Nach Wesen und Erziehung eher zu Tändelei
und Zeitvertreib neigend, lag ihr zielgerichtete Aktivität wenig
und politische Aktivität schon gar nicht.
Aber sie war es, auf deren Schultern die Hoffnungen ihres Landes ruhten.

Heinz Ohff

Das Kriegsjahr 1806

Das Jahr 1806 brachte die Schicksalswende für Preußen: Mobilisierung der Armee, Schlachten, Vernichtung. Noch bis zum Sommer gab sich Friedrich Wilhelm der Illusion hin, in letzter Minute den Frieden retten zu können. Er blieb unentschlossen, taktierte und lavierte weiter zwischen den Mächten. Auch sperrte er sich nach wie vor gegen jegliche innenpolitische Veränderung.

Dabei wären Reformen im Staat dringend notwendig gewesen, um Preußen für die Herausforderungen der Zeit zu rüsten. Karl Freiherr vom und zum Stein hatte im Mai 1806 eine Denkschrift ausgearbeitet, um den König von der Reformbedürftigkeit des Landes zu überzeugen. Doch Luise riet ihm, das Memorandum zurückzuhalten – in dieser kompromisslosen Form sei es »zu heftig und zu leidenschaftlich«, wandte sie ein, und würde »mehr schaden als nützen«.

Auch als am 2. September 1806 dem König eine von zahlreichen Adligen und Prominenten unterzeichnete Petition überreicht wurde, hielt sich Luise mit einer direkten Stellungnahme oder gar einer Parteinahme zurück. Denn was sie befürchtet hatte, trat mit geradezu zwingender Logik ein: Friedrich Wilhelm wies das anmaßende Ansinnen empört zurück und weigerte sich, über die Berechtigung der an seiner Regierung geübten Kritik auch nur nachzudenken. So trieb Preußen steuer- und haltlos auf die Katastrophe zu.

Übrigens ist auch alles so affreux um und über mir, der Horizont so schwer und grau, weil die Teufel Macht haben und die Gerechten untergehen sollen, daß ich mehr als jemals das Glück erkenne, einen solchen Mann und solche Geschwister zu haben. Ach ja, bester George, das Diadem ist schwer, wenn man gut und ehrlich bleiben will, wenn man nicht schlecht mit Schlechten werden will, wenn einem nicht alle Mittel gleich sind, um das Beste zu erlangen und zu erhalten. Ich bin wieder einmal recht herunter an Leib und Seel', und gerne gäbe ich zwanzig Jahre meines Lebens hin, und hätte ich nur noch zwei zu leben, wenn dadurch die Ruhe in Deutschland und Europa zu erlangen wäre.

Luise an ihren Bruder Georg am 18. Februar 1806

Königin Luise von Preußen

Luise in Pyrmont

Große Allee in der Bade- und Kurstadt Pyrmont

Intern jedoch ließ Luise keinen Zweifel an ihrem Standpunkt: Es war ja klar und für jeden offensichtlich, dass sie rückhaltlos hinter dem Bündnis mit Russland stand. So kam es, dass am Berliner Hof offen – und mehr oder weniger berechtigt – von einer »Partei der Königin« gesprochen wurde. Man munkelte von lautstarken Wortwechseln mit dem König, ja von einer beginnenden Entfremdung zwischen Friedrich Wilhelm und seiner Frau.

Angesichts ihrer angegriffenen Gesundheit sah sich Luise zu einer Kur in Pyrmont genötigt. Nicht zuletzt der Kummer um den Tod ihres kleinen Sohnes Ferdinand hatte sie an den Rand ihrer Kräfte gebracht. In einem kurz vor der Abfahrt verfassten Brief an Kaiser Alexander spielte sie auf die politischen Kämpfe der jüngsten Zeit an. Wie schön sei doch sein letzter Besuch in Berlin gewesen, wie festlich diese wenigen Tage, die sie gemeinsam erlebt hatten: »Ich fürchte sehr, der 4. November wird für immer der letzte Tag des Glückes sein ... denn im Grunde finde ich wenig Glück in mir und außer mir. Auf meine Gesundheit wirkt Beunruhigung immer ungünstig ein; sie ist wirklich sehr erschüttert und hat vor allem durch den Tod meines Kindes einen Stoß erlitten. Ich muß nach dem Rat der Ärzte die Pyrmonter Quellen aufsuchen, ich werde im Monat Juni fortreisen und will sehen, ob es ein Heilmittel gegen die Leiden der Seele gibt.« Und auf den besonderen Zweck des Briefes kommend, fuhr sie fort: »Ungern verlasse ich den König, der mir mehr als je die rührendste Anhänglichkeit und Freundschaft beweist. Ich sage Ihnen das, weil ich weiß, daß es Sie interessiert, und um die falschen, aber ebenso verbreiteten Gerüchte zu berichtigen, als bestände in dieser Hinsicht eine unerfreuliche Veränderung.«

Auch in Pyrmont, wo sie sich langweilte, ging der Königin nicht aus dem Sinn, in welch großer Gefahr ihr Land schwebte. Ende Juli schlossen sich die süddeutschen und ein Teil der rheinischen Fürsten zum von Napoleon initiierten und angeführten Rheinbund zusammen, was Luise in helle Aufregung geraten ließ. Entsetzt schrieb sie kurz vor ihrer Heimreise ihrem Gemahl über die »politischen Schreckensnachrichten, die ganz Pyrmont in Bestürzung versetzt haben ... das kann schließlich nicht so bleiben ... Napoleon ist ein Schuft.«

Königin Luise 1806;
nach einem Gemälde von
Gerhard von Kügelgen
(1772–1820)

Überhaupt ist mehr Selbstvertrauen das einzige, was Dir fehlt. Hast Du Dir das erst angeeignet,
so wirst Du schneller einen Entschluß fassen, und, wenn Du den Entschluß gefaßt hast,
wirst Du strenger darauf halten, daß Deine Befehle befolgt werden. Gott hat Dir alles gegeben,
einen richtigen Blick, eine unvergleichliche Überlegung, da sie fast immer von Kaltblütigkeit geleitet wird
und da Deine Leidenschaften Dich nicht blind machen oder höchst selten. Welch ein Vorzug!

Luise an Friedrich Wilhelm aus Pyrmont am 7. Juli 1806

Wenn Sie mir doch auch einmal einen (Besuch) machen könnten … Soll ich Ihnen meine Schwäche gestehen?
Denken Sie, alle Vorbereitungen zum Krieg haben mir – nein, ich wage den Satz nicht zu vollenden –.
Aber ich habe mir gedacht, daß das mir vielleicht das Glück verschaffen könnte, Sie wiederzusehen.
Ein Glück, an das ich schon nicht mehr geglaubt habe. Ich bin jetzt, seitdem ich dreißig Jahre alt geworden bin,
so vernünftig – eine vollkommen vernünftige Frau, ich versichere es Ihnen. Sie würden sehr zufrieden mit mir sein.
Und damit Sie es glauben, kommen Sie und überzeugen Sie sich selbst davon.

Luise an Kaiser Alexander von Russland aus Pyrmont im Juni 1806

Kanonendonner

Preußisches Feldlager, 1806

s wäre jedoch verkehrt, die Königin für die Urheberin preußischer Kriegsgelüste zu halten. Sie war zweifellos für eine entschiedene Haltung gegenüber Napoleon, in einer Unterredung mit Friedrich von Gentz sagte sie später jedoch: »Gott weiß es, daß ich nie über öffentliche Angelegenheiten zu Rate gezogen worden bin und auch nie danach gestrebt habe. Wäre ich je darum befragt worden, so hätte ich – ich bekenne es offen – für den Krieg gestimmt, da ich glaube, daß er notwendig war. Unsere Lage war so kritisch geworden, daß wir auf alle Gefahr hin verpflichtet waren, uns herauszuwickeln ... Aus einem Prinzip der Ehre und folglich der Pflicht, weit entfernt von aller selbstsüchtigen Berechnung waren wir, soweit ich es verstehe, berufen, jenen Weg einzuschlagen.«

Am 16. September wurde Berlin von der Nachricht überrascht, Napoleon lehne es ab, die besetzten Gebiete in Süddeutschland zu räumen, solange Russland nicht zum Frieden bereit sei. Die gemeinsam in Berlin festgelegte Strategie Friedrich Wilhelms und Alexanders war nicht aufgegangen; der französische Kaiser zeigte sich von ihrem Bündnis und auch von ihrem Ultimatum völlig unbeeindruckt. Er forderte Preußen auf, mit dem Kriegsspielen aufzuhören und die Truppen sofort zu demobilisieren. Nach dieser Demütigung gab es keinen Weg mehr zurück.

Zwei Tage später bereits rückte das Regiment der Königin, die Ansbach-Bayreuther Dragoner, ins Feld. Dass Luise zum Chef dieses Regiments ernannt worden war, hatte unter den Offizieren und Soldaten Begeisterungsstürme hervorgerufen. War sie nicht die ideale Anführerin im ruhmreichen Kampf gegen Napoleon? Als die Dragoner mit klingendem Spiel durch die Berliner Stadttore zogen, glaubte noch jeder, dieser Krieg gegen den Korsen würde ein Spaziergang werden. Am 20. September verließ dann auch Friedrich Wilhelm die Hauptstadt und bezog – begleitet von Luise – das preußische Hauptquartier in Naumburg.

Voller Optimismus über den Ausgang des zu erwartenden Feldzuges schrieb die Königin nach ihrer Ankunft im Hauptquartier der preußischen Armee einen Brief an Kaiser Alexander I.

Ich möchte Ihnen, mein teuerer Vetter, indem ich von hier an Sie schreibe, eine Freude machen, nicht daß ich mir einbildete, der Anblick meines Gekritzels würde Sie beeindrucken, aber der Ort, von dem mein Brief datiert ist, die Gründe, die uns hierhergebracht haben, und die feste Überzeugung, daß wir in kurzer Zeit vorrücken werden, all das, weiß ich, wird Sie freuen.

Das muß gut gehen, die Truppen sind von schönstem Eifer beseelt und brennen darauf, sich zu schlagen und vorwärts zu gehen, niemals hat es einen solchen Elan gegeben, der mit dem vergleichbar wäre, von dem unsere Soldaten heute erfüllt sind. Aber nicht nur der Soldat, sondern die ganze Nation denkt ebenso und preist den König für den Entschluß, den er gefaßt hat ... Sie können sich nicht vorstellen, wie sehr mich das bewegt, wie ergriffen der König auf seiner Reise hierher war, als die Bauern an seinen Wagen herankamen, um ihm zu huldigen und um ihm all ihr Hab und Gut anzubieten, zur Unterstützung der guten Sache; das war ihr eigener Ausdruck.

Wenn wir unterliegen, dann werde ich mein Unglück mit Ergebung tragen, weil wir es nicht verdient und durch Feigheit und Gemeinheit verschuldet haben. Wir gehen den Weg der Ehre; sie ist es, die uns unsere Schritte vorschreibt, und lieber unterliegen als zurückweichen ... Der König ist heute morgen zu sehr früher Stunde nach dem Schlachtfeld von Roßbach gefahren. Die ruhmreiche Erinnerung, welche sich an jenen berühmten Tag knüpft, lebt im Herzen eines jeden guten Preußen, und jeder beeilt sich, seine Schuldigkeit zum Ruhme seiner Vorfahren zu tun, und besucht den heiligen Boden mit den Gebeinen der Toten, die hier für das Vaterland gefallen sind.

Luise an Kaiser Alexander von Russland aus Naumburg am 29. September 1806

Französische Linieninfanterie, 1806 (links Adlerträger, rechts Grenadier)

Französische Reiterei: Schwere Kavallerie, Husar, Dragoner, Husar (von links nach rechts)

Kriegsherren

Napoleon Bonaparte,
Kaiser der Franzosen

Marschall Louis Nicolas Davout,
französischer Heerführer

Marschall Alexander Berthier,
französischer Heerführer

Preußische Reiterei, 1806: Ferdinand von Schill als Leutnant im Dragonerregiment der Königin,
Gebhard Leberecht von Blücher als Chef des Husarenregiments

Karl II. Wilhelm Ferdinand,
Herzog von Braunschweig-
Wolfenbüttel, Oberbefehlshaber
der preußischen Armeen
im Krieg gegen Napoleon

General Gebhard Leberecht
von Blücher

Gerhard Johann David von Scharnhorst, Ge-
neralstabschef des Herzogs von Braunschweig

Friedrich Ludwig Fürst von Hohen-
lohe-Ingelfingen, preußischer General

Der Krieg

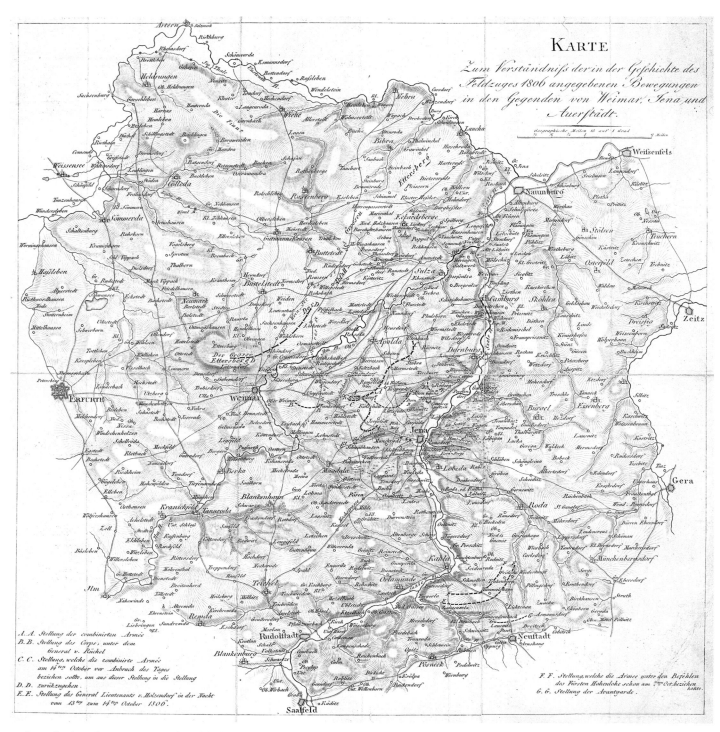

Aufmarschgebiet der Truppen vor der Schlacht bei Jena und Auerstedt, 1806

Kaiser Napoleon I. vor der Schlacht gegen Preußen

Königin Luise in der Uniform ihres Regiments,
der Bayreuther Dragoner

Die Königin ist mit dem König in Erfurt.
   Wenn sie eine Schlacht sehen will, kann sie dieses grausige Vergnügen haben.

Kaiser Napoleon I. am 13. Oktober, kurz vor der Schlacht von Auerstedt

Die Königin von Preußen ist bei der Armee, eine Amazone in der Uniform
   ihres Dragonerregimentes. Sie schreibt zwanzig Briefe am Tag,
man möchte glauben, sie lege in ihrer blinden Wut Feuer an ihr eigenes Schloß.

Kaiser Napoleon I. über Luise am 8. Oktober 1806

Der Tod Louis Ferdinands

Tödlich getroffen: Prinz Louis Ferdinand

Eines der ersten prominenten Opfer des Feldzuges wurde Prinz Louis Ferdinand von Preußen, dessen Tod wie ein böses Omen empfunden wurde und dessen düstere Prophezeiungen über einen unglücklichen Ausgang des Krieges sich bereits wenige Tage später erfüllen sollten.

Ach, es steht schlecht um uns, schlecht um die ganze preußische Armee.
Ich halte sie für verloren; aber ich werde unsern Fall nicht überleben.

Prinz Louis Ferdinand von Preußen, drei Tage vor seinem Tod

Gefecht bei Saalfeld, in dem Prinz Louis Ferdinand den Tod fand

Eine weitere Darstellung vom Tod Louis Ferdinands

Die Schlacht von Jena und Auerstedt

Szene aus der Schlacht
bei Auerstedt

Ihr seht mich in Tränen; ich beweine das schwere Geschick, das uns betroffen hat!
Der König hat sich in der Tüchtigkeit
seiner Armee und Führer geirrt, und so haben wir unterliegen sollen und müssen flüchten.

Luise zu ihren Kindern beim ersten Zusammentreffen in Schwedt nach der Schlacht von Jena.
Kaiser Wilhelm I. hat später in einem Brief diese Worte seiner Mutter bestätigt.

Das Unfassbare geschah: Die preußische Armee wurde am 14. Oktober 1806 in den Schlachten von Jena und Auerstedt vernichtend geschlagen. Wie unerwartet und überraschend für Friedrich Wilhelm die Katastrophe über das völlig unzureichend gerüstete Heer hereinbrach, beweist, dass niemand Probleme mit der Anwesenheit der Königin bei den Truppen hatte, niemand eine Gefahr für sie darin sah. Friedrich Wilhelm war es nur recht, versprach er sich doch von seiner Frau eine motivierende und anfeuernde Wirkung. Als das Hauptquartier nach Blankenhain bei Erfurt verlegt wurde, sah man sich plötzlich ohne jede Deckung dem Feind gegenüber. Die Folge war nicht nur eine durchwachte, chaotische Nacht im Donner der Geschütze und Kanonen, sondern ein überstürzter Aufbruch, um die Königin in Sicherheit zu bringen.

Rasch wurde ein Fluchtplan ausgearbeitet; Luise verließ mit einer Abordnung das Quartier und kehrte allein zurück nach Weimar und schließlich nach Berlin, wo sie sich allerdings nicht lange aufhielt, da man ihre Kinder vorausgeschickt hatte. Weiter ging die dramatische Flucht Richtung Stettin; in Küstrin sah sie der König zum ersten Mal nach der verlorenen Schlacht wieder.

Formationen vor Beginn der Schlacht bei Jena

Ich sehe ein Gebäude an einem Tage zerstört, an dessen Erhöhung große Männer zwei Jahrhunderte hindurch gearbeitet haben. Es gibt keinen preußischen Staat, keine preußische Armee, keinen Nationalruhm mehr; er ist verschwunden wie jener Nebel, der auf den Feldern von Jena und Auerstädt die Gefahren und Schrecken dieser unglücklichen Schlacht verbarg! – Ach, meine Söhne, Ihr seid schon in dem Alter, wo Euer Verstand diese schweren Heimsuchungen fassen und fühlen kann! Ruft künftig, wenn Eure Mutter und Königin nicht mehr lebt, diese unglückliche Stunde in Euer Gedächtnis zurück. Weinet meinem Andenken Tränen, wie ich sie jetzt in diesem schrecklichen Augenblicke dem Umsturze meines Vaterlandes weine! Aber begnügt Euch nicht mit den Tränen allein. Handelt, entwickelt Eure Kräfte!

Luise an ihre beiden ältesten Söhne nach der Niederlage Preußens

Szene aus der Schlacht bei Auerstedt

Auf entsetzlichen Wegen bis Blankenhain. Es scheint, die Franzosen sind schon überall. Wir blieben bis spät in der Nacht
alle zusammen; von allen Seiten hörte man Geschützfeuer. Niemand von uns ging zu Bett,
denn wir mußten bereit sein, im Notfall augenblicklich abreisen zu können. Endlich früh fünf Uhr wurde aufgebrochen,
die Wege waren grundlos; in Weimar stiegen wir aus, aber unsere Sachen blieben gepackt auf dem Wagen.
Hier erhielten wir die Schreckensnachricht, daß Prinz Louis Ferdinand gefallen sei.
Das Hauptquartier ist jetzt hier in Weimar; unsere Majestäten wohnen im Kavalierhause und wir andern im Forsthause.

Gräfin Sophie von Voß, Tagebucheintrag im Oktober 1806

Königin Luise zu Pferde

Schlacht bei Jena

Ich reiste um 2 Uhr (am 13. Oktober) von Weimar ab und schritt im Feldwagen des Königs mit der zweiten Division vor; zur
Rechten hatte ich die Reizensteinschen Kürassiere. Als ich Auerstädt schon fast erreicht hatte und vor mir Schloß Eckartsberga sah,
kam der Herzog von Braunschweig, der den Kolonnen mit dem Könige folgte, an meinen Wagen mit ernster Miene, während der
König mit beschäftigtem, traurigem, ängstlichem Gefühle vorüberging, und sagte sehr bestimmt – es war das einzige Mal, daß er
seine Gefühle mir wirklich zeigte und im Augenblick des Handelns Energie bewies –: »Was tun Sie hier, Madame? Um Gottes
willen, was tun Sie hier?« Ich sprach zu ihm: »Der König glaubt, daß ich nirgends sicherer bin als hier hinter dem Heere, da der
Weg, den ich nach Berlin einschlagen müßte, auch nicht mehr sicher ist.« »Aber mein Gott«, sagte er, »sehen Ihre Majestät das
Schloß Eckartsberga vor sich? Nun wohl, dort sind die Franzosen, sie sind vor uns auf dem Weg nach Naumburg, und morgen
wird es hier eine blutige, entscheidende Schlacht geben. Hier kann Ihre Majestät nicht bleiben, es ist unmöglich.« »Ich werde es
dem König sagen, er wird entscheiden«, sagte ich zu ihm, »aber welchen Weg soll ich einschlagen?« »Durch den Harz, über
Blankenburg, Braunschweig und Magdeburg nach Berlin. Übrigens ist General Rüchel in Weimar, der wird Ihnen den weiteren
Weg vorschlagen.« Darauf ließ ich den König bitten, an meinen Wagen zu kommen; ich sagte ihm, was der Herzog mir gesagt
hatte, und daß er mich in der größten Gefahr glaube. Der König erwiderte darauf: »Wenn es so ist, reise ab.« Er gab mir die Hand,
drückte sie mir zweimal, ohne ein Wort hervorbringen zu können, und so stieg ich aus seinem Wagen auf die Chaussee und hinein
in den meinigen, von Infanterie, Kanonen, Gepäckwagen und andern kriegerischen Dingen umgeben. Von einem Offizier und
acht Kürassieren begleitet, machte ich mich traurig wieder auf den Weg nach Weimar, den ich wenige Stunden vorher ohne
Ahnung von der mir drohenden Gefahr verlassen hatte.

Luise, eigenhändiger Bericht über ihre letzten Stunden
bei der Armee, im Oktober 1806

Nach der Niederlage

Französischer Pass für die Reise
von Jena nach Leipzig, ausgestellt
am 30. Oktober 1806

So groß ihre Bestürzung über die Niederlage Preußens bei Jena und Auerstedt auch war, behielt Luise dennoch in dieser Situation ihre Beherrschung und ihren Mut. Unmittelbar nach den Schlachten beschwor sie den König in mehreren Briefen, jetzt nicht aufzugeben und alles verloren zu glauben, so zum Beispiel noch aus Berlin am 17. Oktober: »Du bist mein einziger Gedanke gewesen, während meiner ganzen grausamen, schrecklichen Reise. Dich allein ohne mich zu wissen, ist schrecklich. Übrigens hoffe ich, daß noch nicht alles verloren ist, und daß Gott uns helfen wird. Du hast noch Truppen, und das Volk betet Dich an und ist bereit, zu tun.

Gott segne Dich und stärke Dich in dem grausamsten Augenblick Deines Lebens. Er gebe Dir allen nötigen Mut und verlasse Dich nicht. Ein Wort von Deiner Hand würde mich sehr beruhigen.«

Die arme Königin erweckt durch ihre würdevolle Resignation und ihren Charakteradel in allen Prüfungen
und in allem Unglück noch mehr Teilnahme als selbst durch ihre große Schönheit ...
Sie muß sehr vorsichtig sein, in Worten wie in Handlungen;
denn der König ist äußerst schlecht gelaunt und taub gegen ihre Worte.
Sie indessen läßt keine Mutlosigkeit in sich aufkommen
und versäumt keine Gelegenheit, den Ratschlägen von Köckritz und Genossen entgegenzuwirken.

George Jackson, Sekretär der Englischen Gesandtschaft, aus Ortelsburg, 1806

Episode aus der Schlacht von Jena: Napoleon bringt seine Regimenter in Ordnung, auf den Pferden neben ihm die Generäle Murat (links) und Berthier (rechts)

Es wäre vergeblich, Dir die Empfindungen schildern zu wollen, die ich empfand,
als ich Potsdam und Berlin wiedersah. Das Volk in Berlin, welches glaubte, ich sei gefangen,
begleitete meinen Wagen und sammelte sich zu Tausenden am Palais unter meinen Fenstern und rief nach mir.

Luise an Friedrich Wilhelm von der Flucht, Stettin am 20. Oktober 1806

Napoleon in Berlin

Parade der französischen Garde
vor Napoleon im Lustgarten zu Berlin

Luises Hoffnung auf Widerstand war umsonst. Die Niederlage von Jena war nur der Anfang des Zusammenbruches gewesen – die preußische Armee, aber auch ihr König hatte keinerlei Kampfgeist mehr. Fast widerstandslos ergaben sich die meisten Festungen bereits nach kurzer Belagerung: Erfurt, Spandau, Stettin, Küstrin, Magdeburg, Hameln, später auch Graudenz und Danzig. Nichts und niemand hielt den Vormarsch Napoleons auf, der bereits am 27. Oktober im Triumphzug Berlin erreichte und sich dort feiern ließ, während das preußische Königspaar von Stadt zu Stadt flüchtete, von Küstrin über Graudenz, Osterode, Ortelsburg bis zuletzt nach Königsberg und Memel, an die äußerste Grenze des Königreiches.

»Ist es diesem boshaften Menschen nicht genug, dem König seine Staaten zu rauben, soll auch noch die Ehre seiner Gemahlin geraubt werden?«, rief Luise empört aus, als sie unterwegs erfuhr, auf welch infame Weise Napoleon sie in Bulletins und Zeitungen verhöhnen ließ, wie er ihr die Schuld am Krieg und am Zusammenbruch Preußens gab. Für Napoleon war allein Luise in ihrer Verblendung verantwortlich dafür, dass das Land sich ihm widersetzte und den Frieden verspielt hatte.

Liebe Voß, wer hätte uns das vor sechs Wochen gesagt? Und Sie, die Sie dem königlichen Hause so wahrhaft ergeben sind,
was müssen Sie leiden? ... Man hört nichts von Berlin. Bonaparte speit Beleidigungen und Gemeinheiten gegen mich aus.
Seine Flügeladjutanten haben sich mit ihren Stiefeln auf meinen Sofas, in meinen Gobelinsalons in Charlottenburg
breitgemacht. Das Palais ist noch respektiert worden; er wohnt im Schloß. Es gefällt ihm in Berlin; aber er hat gesagt,
er wolle keinen Sand und werde diese Sandbüchse dem König lassen. Und man lebt und kann die Schmach nicht rächen! ...

Luise an Gräfin Sophie von Voß, aus Graudenz am 13. November 1806

Einzug Napoleons in Berlin am 27. Oktober 1806; Gemälde von Charles Meynier (1768-1832)

Der Kaiser ist in Weimar einquartiert, wo einige Tage vorher die Königin von Preußen wohnte.
Es scheint, als ob das, was man von der Königin sagt, wahr ist; sie war hier, um den Hauch des Krieges zu atmen;
sie ist eine Frau mit hübschem Gesicht, aber wenig Geist, unfähig die Folgen dessen, was sie tat, zu überblicken.
Man muß sie heute, statt sie anzuklagen, bemitleiden, weil sie wohl Gewissensbisse empfindet über das Unheil,
das sie über ihr Vaterland gebracht, über den verderblichen Einfluß, den sie auf den König, ihren Mann, ausgeübt hat,
denn dieser war ein ehrlicher, anständiger Mann, der nur den Frieden und das Wohl seines Volkes wollte.

Kaiser Napoleon I. im Bulletin der Großen Armee vom 17. Oktober 1806

Wo das preußische Königspaar sich mit Zar Alexander
zum ewigen Bündnis mit Russland verschworen hatte,
feierte Kaiser Napoleon einen stillen Triumph: am Grab
Friedrichs des Großen, 25. Oktober 1806

Flucht nach Memel und Königsberg

Eine Szene, die so nie stattgefunden hat, die Künstler Ende des 19. Jahrhunderts aber gerne als Idylle darstellten: Luise bekränzt auf der Flucht nach Memel den Prinzen Wilhelm mit Kornblumen. Die Königin jedoch war allein auf der Flucht, die Kinder waren ihr vorausgefahren

Trotz der durch nichts zu beschönigenden Niederlage vermochte es Luise nicht zu ertragen, die von Napoleon diktierten Bedingungen für einen Waffenstillstand anzunehmen. Sie riet Friedrich Wilhelm zum Widerstand, und der König gab dieses Mal nach und schloss sich ganz der Position Russlands an. Der definitive Abbruch der Verhandlungen mit Frankreich zwang das Königspaar jedoch, die Flucht fortzusetzen. Und auch Königsberg war noch nicht das Ende seines langen Weges durch Schnee und Eis; vor den rasch weiter vorrückenden französischen Truppen suchte es Anfang Januar 1807 schließlich Zuflucht im alleräußersten Norden des Königreiches, in Memel.

Der Arzt hatte in Königsberg gravierende Bedenken geäußert gegen die strapaziöse Reise der kaum von einem Fieber genesenen Königin, die mitten im Schneesturm und im ungeschützten offenen Wagen über die Kurische Nehrung fahren sollte. Doch Luise erklärte ihm mit der ihr eigenen Entschlossenheit: »Ich will lieber in die Hände Gottes fallen als dieser Menschen.«

Erst in Memel, wo sie 1802 bei ihrer ersten Begegnung mit dem Kaiser von Russland so glückliche Tage verlebt hatte, fand Luise Zeit, sich etwas auszuruhen, obwohl ihr das feuchte Klima sehr zu schaffen machte. Ihre unerschrockene Haltung während ihrer Flucht trug nicht wenig zum Entstehen der Legende von der unbeugsamen, tapferen Königin bei, die nie die Hoffnung aufgab, den Krieg mit Hilfe Russlands vielleicht doch noch zu gewinnen. Hilflos musste sie jedoch die Agonie Preußens mit ansehen.

Luise auf der Flucht im offenen Wagen von Königsberg nach Memel, Anfang Januar 1807; Gemälde von 1875

Die Reste des Garde-Bataillons ziehen in Memel an Königspaar vorüber; Illustration Ende 19. Jahrhundert

Ringen um den Frieden

Ihre Organisation war zu schwach, um die inneren und äußeren Stürme,
die sie betrafen, lange aufzuhalten. Aber unsterblich sind die Ideen, vornehmlich über
die Verbindung Preußens mit Deutschland, mit denen sie sich trug.
Ihre Persönlichkeit und ihre Gedanken, ihre Leiden und ihre Erwartungen
bilden einen Bestandteil der preußischen Geschichte;
ihr Name ist mit einem poetischen Anhauch umgeben und durch Pietät geheiligt.

Leopold von Ranke

Das Ende aller Illusionen

An unsere Königin kann ich gar nicht ohne Rührung denken.
In diesem Kriege, den sie einen unglücklichen nennt, macht sie einen größeren Gewinn,
als sie in einem ganzen Leben voll Frieden und Freuden gemacht haben würde.
Man sieht sie einen wahrhaft königlichen Charakter entwickeln. Sie hat den ganzen großen Gegenstand,
auf den es jetzt ankommt, umfaßt, sie, deren Seele noch vor kurzem mit nichts beschäftigt schien,
als wie sie beim Tanzen oder beim Reiten gefalle. Sie versammelt alle unsere großen Männer,
die der K. (König) vernachlässigt, und von denen uns doch nur allein Rettung kommen kann,
um sich; ja, sie ist, die das, was noch nicht zusammengestürzt ist, hält.

Heinrich von Kleist an seine Schwester Ulrike aus Königsberg, 6. Dezember 1806

Zu Beginn des Jahres 1807 fasste Luise wieder Zuversicht, dass der Krieg eine Wende zugunsten Preußens nehmen könnte. In der Schlacht bei Preußisch-Eylau Anfang Februar gelang es den russischen Truppen mit preußischer Unterstützung, die Angriffe der Franzosen zurückzuschlagen. Erneut wurde im April ein Vertrag zwischen Preußen und Russland geschlossen, der auch England, Österreich und Schweden offenstehen sollte.

Hoffnungsvoll kehrte das Königspaar von Memel nach Königsberg zurück. Aber in den folgenden Monaten riss die Serie der Rückschläge nicht mehr ab. Nachdem Danzig kapituliert hatte, wurden die Russen am 14. Juni in der Schlacht von Friedland geschlagen. Wieder musste das Königspaar nach Memel fliehen. Dort wartete Luise, ob die Franzosen noch weiter vorrücken würden, jeden Augenblick bereit, notfalls mit ihren Kindern die Flucht über die Grenze nach Russland fortzusetzen.

Die Briefe aus diesen Tagen bezeugen Luises Willen, selbst in dieser scheinbar ausweglosen Situation dem fürchterlichen Unglück zu trotzen: »Wir sind kein Spiel des Schicksals«, schrieb sie ihrem Vater, »sondern wir stehen in Gottes Hand und die Vorsehung leitet uns. Wir gehen mit Ehren unter. Der König hat der Welt bewiesen, daß er nicht Schande, sondern Ehre will. Preußen wollte nicht freiwillig Sklavenketten tragen. Auch nicht einen Schritt hat der König anders handeln können, ohne seinem Charakter ungetreu und an seinem Volk zum Verräter zu werden. Wie dieses stärkt, kann nur der fühlen, den wahres Ehrgefühl durchströmt.«

Königin Luise; Gemälde von Georg Kannengießer (1814-1900)

Verbannung

Nie werde ich ganz unglücklich sein; nur hoffen kann ich nicht mehr.
Wer so von seinem Himmel heruntergestürzt ist, der kann nicht mehr hoffen.

Luise an ihren Vater aus Memel am 24. Juni 1807

Das ungeheure Vergnügen, das ich empfinde, mit Ihnen zu plaudern, macht mich egoistisch. Ich denke nur an mich und meine Zufriedenheit, wenn ich Ihnen schreibe. Verzeihen Sie mir, guter, lieber, unvergleichlicher Vetter. Sie sind gewöhnt, nur Gutes zu tun und großmütig Geduld zu üben; seien Sie auch gegen mich geduldig und besonders, besonders recht nachsichtig. Welch himmlischen Brief haben Sie mir geschrieben! Wie teuer sind mir diese Federzüge, die Ihre Freundschaft für mich ausdrücken! Sie haben mich sehr glücklich dadurch gemacht. Ach, wie sind Sie interessant, wenn Sie sich ganz sich selbst überlassen, und wie sehr achte ich diese Klugheit bei einem Mann, der einen solchen Reichtum an Gefühlen wie Sie besitzt und so tief empfindet. Es ist freilich schwer, dabei vernünftig zu bleiben. Und doch, wenn man von Güte und einem so englischen Zartgefühl geleitet wird, ist alles möglich. In Ihnen sieht man die Vollkommenheit verwirklicht, die man zweifellos immer als schönes Ideal seines Herzens schätzt, ohne jemals daran zu glauben, daß es sich verwirklichen könnte. Um an eine solche Vollkommenheit zu glauben, muß man Sie kennen. Aber leider kennt man Sie nicht, ohne Gefahr zu laufen, sich fürs Leben an das Sinnbild der Tugenden anzuschließen. Und was wäre der Mensch, wenn er nicht das Glück hätte, die Fähigkeit zu besitzen, um mit Begeisterung das Gute zu erfassen? – Wie unglücklich wären wir dann – unsere Genüsse würden recht geschmälert und zu einem Nichts zusammenschmelzen. Aber ist es denn ein Unrecht? Nein, es ist eine Wohltat, denn ein wirklich empfindendes Herz fühlt sich von dem schönen Eifer, einem guten Beispiel zu folgen, angeregt. Und ich kann der Wahrheit gemäß sagen, Sie, mein teurer und vielgeliebter Vetter, haben einen glücklichen Einfluß auf mein Leben gehabt.

Wie glücklich bin ich, Ihnen das alles einmal sagen zu können. Sie müssen mich während der wenigen Tage, da ich Sie wiedersah, ganz besonders blöde und dumm gefunden haben. Nachdem ich aber seit Jahren so glücklich war, mich nur schriftlich mit Ihnen auszusprechen, und zeitweilig reden konnte, wie es mir ums Herz war, ohne Zwang, nur wie ich fühlte, sah ich mich plötzlich genötigt, alle Tage (während einer ganzen Woche) anders, aber auch ganz anders zu erscheinen, als ich bin. Ich bin es so wenig gewöhnt, mich zu verstellen, daß ich infolgedessen gänzlich verstummte, völlig verwirrt und aufgelöst war, kurz, eine jämmerliche Rolle spielte ... Alle besaßen Geist, nur ich nicht. Er war im Innern meines Herzens verschlossen, und es wagte nicht zu sprechen, aus Angst, von allzu vielen Leuten verstanden zu werden. Nur um eins bitte ich Sie: verbrennen Sie diesen Brief nicht, denn er beweist Ihnen, wie sehr ich Sie liebe. So lange ich selbst gut bin und die Tugend liebe, werde ich Ihnen mit allen Gefühlen zugetan sein, die mich mit der Vorsehung selbst verknüpfen.

Luise an Kaiser Alexander von Russland aus Memel im April 1807

Alle meine Hoffnungen auf ein recht glorreiches Ende müssen schwinden, wenn hier nicht große Veränderungen
vorgenommen werden oder wenn nicht das Glück unbegreifliche Dinge hervorbringt, Resultate herzaubert,
welche stärker, mächtiger wirken, als die Dummen begreifen oder vollbringen können ...
Glaube aber deshalb nicht, daß mein Geist auf der Erde liegt, so gebeugt, daß ich den Kopf nicht mehr heben kann.
Bewahre Gott, der Mut verläßt mich nicht ... Ich wohnte bei Friederike, schlief mit ihr in einem Zimmer,
war alle Momente mit und bei ihr, lebte wirklich so glücklich und froh, wie man es im jetzigen Augenblick sein kann,
mit und durch ihr ... Manchmal lach' ich noch, es wird mir aber hart eingesalzen.

Luise an ihren Bruder Georg aus Königsberg im Juni 1807

Das Schloss in Königsberg, Ansicht des Flügels, in dem Königin Luise wohnte

Statt zu lesen sitze ich da, mit dem Buch auf dem Schoß, und sehe auf einen Platz und denke
an unsere Unterredung, lieber Engel! Wie unendlich viel gäbe ich für ein paar Stunden mit Dir
bei meinem Kamin in der lieblichen Dämmerung! So viel möchte ich Dir so gerne sagen, Du weißt noch gar nicht recht,
wie arg und tobend das Leben in mir ist. Du siehst mich gewöhnlich kalt, aber bei Gott, meine Liebe,
das ist mein Charakter nicht! Aber weil's zu arg ist, drum schweige ich. Versteh' mich nicht falsch!
Ich mußte mit Dir so reden, es war mir ein Bedürfnis in dem Augenblick, und zeige dies niemals jemand! Denke mein!
Schreibe mir, wenn Du allein bist, ich würde gern von Dir hören. Adio, meine Geliebte! – Marianne.

Prinzessin Marianne an ihre Schwägerin Luise in Königsberg, Februar 1807

Tilsit

Napoleon begrüßt Zar Alexander
auf einem Floß auf der Memel

Unterdessen hatte Napoleon von Preußen unbemerkt Zar Alexander auf seine Seite gezogen. Er machte ihm Versprechungen, die den antienglischen Interessen Russlands entgegenkamen, und verstand es zudem äußerst überzeugend, die Eitelkeit des russischen Kaisers anzusprechen. Auf Kosten Preußens schloss Alexander schließlich einen Waffenstillstand mit Napoleon, was nicht nur eine völlige Kehrtwendung der russischen Politik bedeutete, sondern für Luise nichts weniger als Verrat – ein Schicksalsschlag, der für ihr Land von katastrophaler Bedeutung war, für sie selbst jedoch vor allem menschlich eine schmerzhafte Enttäuschung.

So gekränkt sie auch war, nutzte Luise dennoch die Gelegenheit in einem ihrer Briefe, den Kaiser von Russland um Hilfe für ihr Land anzuflehen: »Meine Seele ist erschüttert ... und ich wäre ohne Hoffnung«, schrieb sie ihm, »wenn Sie nicht über unser Geschick entscheiden würden. Sie werden in diesem grausamen Augenblick nicht ihren Freund und eine Sache verlassen wollen, die Ihrem Herzen immer teuer gewesen sind ... Ach, verlassen Sie uns nicht! Wenn Sie in mein Herz blicken könnten ... Sie wären gewiß gerührt, welche Hingebung, welch grenzenloses Vertrauen Sie für sich finden würden! ... Ich bin ein so unwichtiges Wesen, mag ich erliegen, wenn nur der König gerettet wird, wenn nur meine Kinder ein Los, eine Zukunft haben, wenn nur der König unabhängig, glücklich lebt; wie glücklich wäre ich, für all das ein Opfer zu sein.«

Diese Bitten waren jedoch wirkungslos. Dem preußischen Königspaar blieb keine Demütigung erspart: Während Friedrich Wilhelm versuchte, in Verhandlungen zu retten, was noch zu retten war, blieben Luise in der Ferne die Hände gebunden. In strömendem Regen wartend musste Friedrich Wilhelm am Ufer der Memel mit ansehen, wie die beiden Kaiser Napoleon und Alexander auf einem Floß miteinander Verhandlungen führten, von denen er anfangs ausgeschlossen blieb. Er wurde erst am nächsten Tag zu einer Zusammenkunft zugelassen, die in unfreundlicher Atmosphäre ablief und Napoleon Gelegenheit bot, Friedrich Wilhelm immer wieder mit boshaften Bemerkungen bis aufs Blut zu reizen. Der französische Kaiser hatte es nicht einmal der Mühe für wert gehalten, ihn nach der ersten Zusammenkunft zur Tafel einzuladen. Als die Friedensverhandlungen zwischen Friedrich Wilhelm und Napoleon vollends zu scheitern drohten, setzte man auf preußischer Seite alle Hoffnung auf die Königin. Wenn sie sich einschaltete, müssten die Dinge wieder in Fluss kommen, war die Überlegung. Luise nach Tilsit zu bitten und sie in die Friedensverhandlungen einzuschalten, erschien den Männern um König Friedrich Wilhelm wie ein rettender Strohhalm, ein letzter Versuch, Napoleon umzustimmen.

Napoleon mit seinem
Gefolge erwartet die
russische Delegation zu
Friedensverhandlungen

Welche Überwindung es mich kostet, das weiß mein Gott!
Denn wenn ich gleich den Mann nicht hasse, so sehe ich ihn doch als den an,
der den König und sein Land unglücklich gemacht. Seine Talente bewundere ich;
aber seinen Charakter, der offenbar hinterlistig und falsch ist, kann ich nicht lieben.
Höflich und artig gegen ihn zu sein, wird mir schwer werden.
Doch das Schwere wird einmal von mir gefordert. Opfer zu bringen bin ich gewohnt.

Luise, Tagebuchblatt der Königin vom 4. Juli 1807, vor der Reise nach Tilsit

Begegnung der drei Monarchen in geschichts-
verfälschender Idylle: Napoleon war keineswegs der
Vermittler, der die beiden Monarchen Alexander
und Friedrich Wilhelm zusammenführte.
Im Gegenteil: Er spielte beide gegeneinander aus
und zog Alexander auf seine Seite

Luise und Napoleon

Es ist mir, als wenn ich in den Tod ginge, als wenn dieser Mensch mich würde umbringen lassen;
er hat meine Familie, er hat ganz Preußen unglücklich gemacht.

Luise zu General Kessel, als sie nach Tilsit reiste

Das Haus der ersten Zusammenkunft der Königin
Luise mit Napoleon in Tilsit

Napoleon empfängt Luise zu einem vertraulichen Gespräch;
Illustration Ende 19. Jahrhundert

Im ersten Moment war Luise empört über das Ansinnen, als Bittstellerin vor dem Mann zu erscheinen, der sie so sehr beleidigt hatte. Doch dann zögerte sie keinen Augenblick: »Ich komme, ich fliege nach Tilsit, wenn Du es wünschst, wenn Du glaubst, daß ich etwas Gutes wirken kann ... ich kann Dir keinen größeren Beweis meiner Liebe und Hingabe für das Land zeigen, zu dem ich halte, als wenn ich dorthin fahre, wo ich nicht begraben sein möchte«, antwortete sie dem König. Ohne größere Hoffnungen trat sie die Reise an: »Es ist mir, als wenn ich in den Tod ginge.« Und kurz vor ihrer Zusammenkunft mit Napoleon gab sie zu: »Ich bin erst dreißig Jahre, aber ich habe mich schon selbst überlebt.«

Tilsit! Der Name dieser Stadt ist ein Symbol für die vielleicht schwersten Tage im Leben der Königin. Am 3. Juli hatte Friedrich Wilhelm sie in einem Brief gedrängt, ihre Reise, so sehr sie könne, zu beschleunigen, »da die Augenblicke kostbar sind und was für das Gute geschehen kann, schnell geschehen muß.« Schon am nächsten Tag machte sie sich auf den Weg und traf am Abend in dem kleinen Dorf Piktupönen bei Tilsit ein. Dort hatte Luise noch am selben Abend eine Unterredung mit Hardenberg, von dem sie sich »auf ihre Rolle bei Napoleon vorbereiten ließ«, wie sie es selbst ausdrückte. »Ich werde sie auswendig lernen und hersagen, so gut ich kann; denn von Herzen zu dem Menschenfeind zu reden, würde schwierig sein.« Zwei Tage später, am 6. Juli, fuhr sie dann durch die französischen und russischen Truppen von Piktupönen nach Tilsit.

Kaiser Napoleon empfängt Königin Luise in Tilsit am 6. Juli 1807; Gemälde von Nicolas Gosse (1787-1878)

Luise: »Ich gebe mich über unsere Lage keiner Täuschung hin. Ich weiß, daß wir Opfer bringen müssen. Wenigstens aber trenne man von Preußen nicht Provinzen, die ihm seit Jahrhunderten gehören. Man nehme uns nicht Untertanen, die wir wie Lieblingskinder lieben ... Der Krieg ist nicht zu unseren Gunsten ausgefallen, aber er hat die Anhänglichkeit unserer Völker an uns nicht vermindert – ich rufe Sie selbst zum Zeugen auf – und das ist ein großer Trost für mich.«

»Leider, Majestät, stehen die allgemeinen Kombinationen oft den persönlichen Rücksichten entgegen.«

»Ich verstehe nichts von den großen politischen Kombinationen. Aber ich glaube, meiner weiblichen Würde nichts zu vergeben, wenn ich den grausamen Schmerz des Königs betone, falls er einige der ältesten Provinzen seines Landes abtreten müßte. Trotzdem Sie mir einen Vorwurf wegen der Verlängerung des Kriegs gemacht haben, so kann ich mir noch nicht denken, daß Standhaftigkeit im Unglück in Ihren Augen eine Schande ist ... Aber Sie lassen mich immer allein sprechen, ohne auf meine Hauptfrage etwas zu erwidern. Und doch kostet es Sie nur ein Wort, um einen vernünftigen Frieden zu schließen.«

Luise und Napoleon, aus der ersten Unterhaltung in Tilsit

In ihren Aufzeichnungen hat Luise die Tage in Tilsit beschrieben, wie sie zurückgeschaudert war von dem Anblick der französischen Truppen, die »der ganzen Welt und zuletzt besonders Preußen soviel Übles getan haben; aber im Gedanken an das, was ich noch zu tun hatte, überließ ich mich keiner Betrachtung, oder vielmehr ich gestattete sie mir nicht ... Ich kam im preußischen Quartier an und in dem Haus, das dem König zur Wohnung angewiesen war. Als ich in das Zimmer des Königs trat, war Kaiser Alexander dort im Gespräch mit ihm. Er ging auf mich zu und sagte: ›Die Dinge gehen nicht gut, alle unsere Hoffnung ruht auf Ihnen, auf Ihrem Vermögen, nehmen Sie es auf sich und retten Sie den Staat‹ ... Niedergeschlagen über die Lage, über die Böswilligkeit der Franzosen in Sachen Preußens, faßte ich den festen Entschluß zu reden, und ich wollte versuchen, Napoleon zu rühren.

Kaum war ich angekommen, da traf der Kaiser der Franzosen ein mit all dem Pomp, und dem ganzen Gefolge, das ihn immer umgibt, wenn er sich öffentlich zeigt. Er trat in den Salon ein und ich sagte ihm, ich empfände es stark, daß er sich die Mühe gäbe, zu kommen. Er war recht verlegen; ich aber, erfüllt von der großen Idee meiner Pflicht, ich war es nicht ...«

Napoleon war überrascht, wie unbefangen und selbstsicher Luise ihm entgegentrat. Er hatte sich offenbar falsche Vorstellungen von ihr gemacht – und sie wohl auch unterschätzt. Rasch kam sie auf den Grund ihres Besuches zu sprechen, bat sie ihn vor allem um die Rückgabe der Gebiete links der Elbe und um Magdeburg. Napoleon versuchte abzulenken und machte ihr ein Kompliment über das schöne silberdurchwirkte weiße Kleid, das sie trug. »Sollen wir wirklich über Kleider sprechen in diesem Augenblick?« fragte Luise ihn und fuhr fort, ihn weiter bezaubern und überzeugen zu wollen.

Sie fand rührende Worte in ihrem Bemühen, an Napoleons Großmut und Nachsicht zu appellieren. Doch alles, was sie vorbrachte, konnte ihn nicht beirren. Der Kaiser war nicht bereit, sich von Gefühlen bestimmen oder gar verwirren zu lassen und fand daher mit Luise keine rechte Gesprächsebene. Er hatte für die Königin nur höfliche Phrasen übrig, aus denen Luise jedoch die Zuversicht gewann, er würde auf ihre Bitten zuletzt doch eingehen. So sah sie dem festlichen Essen, das Napoleon ihr zu Ehren am Abend geben wollte, mit einiger Hoffnung entgegen.

Auch diesmal führte Napoleon die Unterhaltung mit Charme, und er verteilte großzügig Komplimente. Scherzhaft rief er Luise die Gefahr in Erinnerung, von seinen Husaren in Weimar gefangen zu werden, und fragte sie, was Preußen nur auf die Idee gebracht habe, mit so unzureichenden Mitteln Krieg gegen ihn anzufangen. Worauf Luise ihm die berühmte Antwort gab: »Der Ruhm Friedrichs des Großen hat uns über unsere Mittel getäuscht.«

Nach der Tafel kam es nur noch zu einem kurzen Wortwechsel. Ein letztes Mal kam die Königin auf ihre Wünsche zu sprechen und bat Napoleon mit besonderem Nachdruck um Magdeburg: Eine Rose, die der Kaiser ihr mit galanter Geste überreichte, wollte sie nur annehmen, wenn er verspreche, Magdeburg zurückzugeben.

Luise hatte den Eindruck gewonnen, bei Napoleon doch einiges ausrichten zu können. Der Abschied fiel entsprechend warmherzig aus. In der französischen Delegation beglückwünschte man sie sogar zu dem offensichtlichen Erfolg, den sie bei Napoleon errungen habe. Doch schon am nächsten Vormittag wurden alle Hoffnungen enttäuscht. Napoleon diktierte dem preußischen Verhandlungsführer, Graf Goltz, mit aller Schärfe die Bedingungen für einen Friedensschluss zwischen Preußen und Frankreich. Eine erneute Verzögerungstaktik werde er nicht hinnehmen, der Friede müsse nun unverzüglich und ohne weitere Verhandlungen geschlossen werden. Der Königin gegenüber habe er nur höflich sein wollen, aber nicht im Ernst habe er daran gedacht, auch nur eine einzige ihrer Forderungen zu erfüllen. Im Gegenteil, der preußische König verdanke allein der Intervention Alexanders, dass er überhaupt an der Macht bleiben könne.

Napoleon und Luise;
Gemälde von Franz Skarbina
(1849-1910)

Sie entwickelte mir gegenüber ihren ganzen Geist, und sie hatte sehr viel.
Alle ihre Manieren waren sehr angenehm, aber ich war entschlossen, festzubleiben,
obgleich ich meine ganze Aufmerksamkeit zusammennehmen mußte,
um mich auf keinerlei Verpflichtungen und zweideutige Versprechungen einzulassen,
um so mehr, da ich aufmerksam beobachtet wurde, ganz besonders von Kaiser Alexander.

Napoleon über Luise, geschrieben auf St. Helena

Die Königin von Preußen ist eine reizende Frau; ihre Seele entspricht ihrem Geist,
und wahrhaftig, anstatt ihr eine Krone zu nehmen, möchte man versucht sein,
ihr eine andere zu Füßen zu legen ...
Der König von Preußen ist zur rechten Zeit dazu gekommen,
denn eine Viertelstunde später hätte ich der Königin alles versprochen.

Kaiser Napoleon zu Zar Alexander in Tilsit

Die Königin von Preußen hat gestern mit mir gespeist. Ich mußte tüchtig auf der Hut sein,
um ihr nicht einige Konzessionen für ihren Mann zu bewilligen, zu denen sie mich nötigen wollte.
Aber ich war galant und hielt mich an meine Politik. Die Königin ist sehr liebenswürdig ...
Wenn Du diese Zeilen erhältst, ist der Frieden mit Preußen und Rußland geschlossen und Jérôme
als König von Westfalen mit drei Millionen Untertanen anerkannt. Aber dies nur für Dich.
In einem zweiten Brief: Die Königin von Preußen ist eine entzückende Frau.
Sie ist sehr liebenswürdig gegen mich. Du brauchst aber nicht eifersüchtig zu sein. Ich bin wie ein Wachstuch,
an dem alles abgleitet ... Es würde mich übrigens teuer zu stehen kommen, den Galanten zu spielen.

Kaiser Napoleon an seine Gemahlin Josephine aus Tilsit am 8. Juli 1807

»Ich schenke Ihnen diese Rose, Madame.« –
»Nur mit Magdeburg, Sire.«

Das war eine Frau voll Geist und Verstand. Sie unterbrach mich oft. Eines Tages quälte, flehte,
beschwor sie mich, wenigstens Magdeburg herauszugeben. Die Situation war für mich
äußerst peinlich geworden, und ich weiß nicht, ob ich die Kraft gehabt hätte,
den schmeichlerischen Bitten der schönen Frau, die mit brennenden Wangen und glühenden Augen
flehend vor mir stand, zu widerstehen. Da trat zu meinem Glück der König Friedrich Wilhelm ins Zimmer.
Der Königin war dies gar nicht recht, sie wurde verstimmt. Der König versuchte es in der Tat, sich in seiner
linkischen Art in die Unterhaltung zu drängen – er verdarb seiner Gemahlin alles, und ich war gerettet.

Napoleon auf St. Helena

Begegnung zwischen Kaiser Napoleon und Königin Luise mit Gefolge in Tilsit; Gemälde von Alexandre Tardieu (1756-1844)

Nach dem Essen begleitete Napoleon die Königin bis zur Mitte der Treppe, und ein letztes Mal
blickte sie ihn an: »Ist es möglich«, seufzte Luise, während sie ihm die Hand reicht,
»dem Mann des Jahrhunderts und der Geschichte so nah gewesen zu sein, und er läßt einem nicht das Glück
und die Befriedigung, ihm versichern zu können, daß man ihm fürs Leben verbunden ist?«
»Madame, ich bin es, der zu bedauern ist«, antwortete Napoleon. »Das ist mein Unglücksstern.«

Die letzten Worte zwischen Luise und Napoleon

Die Friedensproklamation

Was für Schritte ich getan habe, um Preußens Schicksal zu mildern,

und wie wenig sie mir gelungen sind, das weiß die Welt; aber ich war sie als liebende Gattin

dem Könige, als zärtliche Mutter meinen Kindern, als Königin meinem Volke schuldig.

Das Gefühl, meine Pflicht erfüllt zu haben, ist mein einziger Lohn.

Luise an ihre Schwester Friederike im Sommer 1807

Die Friedensbedingungen wurden sogar noch härter als vor der Begegnung zwischen Napoleon und Luise geplant. Preußen musste die Hälfte seines Gebietes abtreten; es verlor das Land links der Elbe, Westfalen, seinen ganzen polnischen Besitz. Der Rest des Landes sollte besetzt bleiben bis zur Bezahlung der Kontributionen, deren Höhe noch offen gelassen wurde, um den Druck auf die Besiegten aufrechterhalten zu können.

Die letzte Begegnung zwischen der preußischen Königin und Napoleon war überschattet von der Demütigung, als die Luise Frankreichs Forderungen empfand. Es wurden nur noch kühle und formelle Höflichkeiten ausgetauscht. Beim Abschied wandte sich die Königin noch einmal mit einer verzweifelten Bitte an den Kaiser, doch der fertigte sie nur kurz und verletzend ab: »Wie können Sie mir noch zu guter Letzt etwas abpressen wollen!«

Am 9. Juli 1807 wurde der Friede von Tilsit unterzeichnet, dessen ganze Unerbittlichkeit und Härte sich erst in den folgenden Monaten und Jahren zeigen sollte. Die Königin hatte schließlich nicht das Geringste ausrichten können. Der Friede wurde nur eine Fortsetzung des Krieges mit anderen Mitteln. Luise fühlte sich ohnmächtig als Königin von Preußen, sah sich auf dem Tiefpunkt ihrer Macht. Wie sehr sie gelitten hatte, lassen vor allem die Briefe an ihren Bruder erkennen: »Reich an Erfahrung, arm an Glauben, lege ich mein müdes Haupt an Deine Brust«, schrieb sie ihm nach ihrer Rückkehr von Tilsit. Und noch ein Jahr später, im August 1808, erwähnte sie den Alptraum: »Es ist eine gräßliche Zeit, und Worte reichen nicht hin, nicht einmal Gefühle, sondern man fühlt so ein dumpfes Schaudern, so ein fürchterliches Entsetzen in seinem Innern, daß man es gar nicht beschreiben kann. Es ist aber das Wahre in uns, was vor dem Bösen zurückweicht.«

In diesen Monaten kam es vor, dass Luise sich am Ende all ihrer Möglichkeiten fühlte: »Betet für mich, ich habe es nötig. Das Herz ist gestorben.« Und doch überließ sie sich nie lange ihren Verzweiflungsanfällen, galt es doch, den König, den die Demütigungen durch Napoleon völlig erschüttert hatten und der mit dem Gedanken spielte, abzudanken, wieder aufzurichten und ihm neuen Mut zu geben. Nur zu bewusst war ihr die geheime Ursache seiner Niedergeschlagenheit: »... seine Schwäche, Sorglosigkeit, in seinem Mangel an Vertrauen in sich selbst, die leider immer die Oberhand behalten ... Aus der Haut möchte man fahren, wenn man das so sieht und nicht helfen darf ... Schon jetzt bin ich trostlos über die Ungeschicklichkeiten, die überall in dem Moment begangen werden, wo mit etwas Takt und weniger Starrsinn alles gewonnen werden könnte.«

Ihr kennt geliebte Bewohner treuer Provinzen Gebiete und Städte meine
Gesinnungen und die Begebenheiten des lezten Jahres
Meine Waffen erlagen dem Unglück, die Anstrengungen des lezten
Restes meiner Armee waren vergebens. Zurückgedrängt an die äußerste
Grenze des Reichs und nachdem mein mächtiger Bundesgenosse selbst zu
einen Waffenstillstand sich genöthiget gefühlt, blieb mir nichts übrig, als dem
Lande Ruhe nach der Noth des Krieges zu wünschen. Der Friede mußte
so wie ihm die Umstände vorschrieben abgeschlossen werden. Er
legte mir und meinem Hause, er legte dem Lande selbst die schmerzlichsten
Opfer auf! Was Jahrhunderte und biedre Vorfahren, was Ver-
trage was Liebe und Vertrauen verbunden hatte mußte getrennt
werden Meine und der Meinigen Bemühungen waren frucht-
los, das Schicksal gebietet, der Vater scheidet von seinen Kindern.
Ich entlasse euch aller Untertanen Pflicht gegen mich und mein
Haus. Unsere heißesten Wünsche begleiten euch zu euren neuen Landes Herrn, seid ihm was ihr mir waret, euer Andenken kann kein
Schicksal, keine Macht aus meinem und der meinigen Herzen
vertilgen.

Königsberg 24. Jul. 1807.   Friedrich Wilhelm.

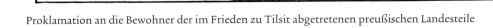

Proklamation an die Bewohner der im Frieden zu Tilsit abgetretenen preußischen Landesteile

Die Jahre im Exil

Die Sympathie zwischen den häuslichen Verhältnissen der königlichen Familie
und denen des geringsten Bürgers war es wohl, die von Hause aus das feste Band zwischen
dem neuen Königspaare und seinem Volke knüpfte
und den Grund zu der fast vergötternden Liebe legte, die so viele Jahre hindurch
die stillen Tugenden auf dem Thron in begeisternden Zungen feierte und das Königspaar selbst
durch gute und böse Tage auf so festen und treuen Händen hindurch trug.

Gräfin Sophie Schwerin

Schwierige Zeiten

Der Friedensschluss von Tilsit trug nicht dazu bei, dem unter den Folgen des Krieges schwer leidenden Land Erleichterung zu verschaffen. Die französischen Truppen hielten Preußen besetzt und machten die zugesagte Räumung von der vollständigen Zahlung der Kriegskontribution abhängig, zu der Preußen allerdings nicht in der Lage war. Die harten Friedensbedingungen blieben ein permanent wirksames Druckmittel, das Willkür und Unsicherheit und immer wieder Ausbrüche von Gewalt gegen die französischen Besatzer provozierte.

Schließlich trat auch Zar Alexander nachdrücklich für Preußen ein und bestand auf den ihm von Napoleon in Tilsit gegebenen Versprechungen. Um den neu gewonnenen Bundesgenossen nicht zu verprellen, ließ der französische Kaiser das rechte Weichselufer räumen, sodass es endlich auch der Königin möglich war, im Januar 1808 aus Memel nach Königsberg zurückzukehren.

Die Jahre der Verbannung waren für Luise eine Zeit der politischen Reife. In intensiven Gesprächen mit den großen Reformern Preußens – Stein, Scharnhorst, Gneisenau und immer wieder Hardenberg – gewann die Königin Statur, wurde sie mehr und mehr zum Fixpunkt der großen politischen Debatten. Sie vertiefte sich in Geschichtswerke, so Schillers »Dreißigjährigen Krieg«, und in die Vorlesungsmitschriften berühmter Historiker. Sie begann auch die außenpolitischen Fehler, die zur Niederlage Preußens geführt hatten, zu erkennen und historisch einzuordnen.

Über ihre persönlichen Vorstellungen vom Leben und vom Glück erfahren wir nur wenig aus diesen Jahren. Wichtiger war Luise die Zukunft ihres Landes und ihrer Kinder: »Für mein Leben hoffe ich nichts mehr. Ich habe mich ergeben, und in dieser Ergebung, in dieser Fügung des Himmels bin ich jetzt ruhig, wenn auch nicht irdisch glücklich, doch, was mehr sagen will, geistig glückselig«, las Luises Vater in einem Brief seiner Tochter.

Preußens Urteil, unser Todesurteil ist gesprochen. Preußen existiert nicht mehr. Der König ist nichts mehr als Herzog von Preußen, weniger als diese sonst waren, da sie Leute hatten, den Boden zu bearbeiten, der jetzt nicht bearbeitet wird, weil Krankheit die Arbeiter mordet, und das, was nicht tot ist, den Franzosen Fronarbeit tun muß, die Erde also unbesäet und die Hungersnot gewiß bald alles zerstören wird. Kaiser Napoleon nimmt die Domänen in Besitz und läßt sie für sich durch Personen, die er dazu bestimmt, administrieren ... auch das Militär hört auf zu existieren, da an der Stelle des preußischen Militärs das französische vom König soll unterhalten werden. Die Fonds vom Lande sowie die Revenuen sind und bleiben in französischen Händen bis zur Abtragung der Kontributionen.

Luise, Tagebuchaufzeichnung vom 29. Oktober 1807, nachdem Napoleon die im Friedensvertrag gestellten Forderungen an Preußen noch einmal erhöht hatte

Königin Luise

Ich bitte Sie, sich der Königin zu nähern, wenn Sie die Reinheit Ihres Wesens kennen,
so werden sie ihr beistimmen und sie lieben. Sie verschmäht die kleinen Mittel,
welche ihr Macht geben könnten. Man muß sie um so höher achten.
Es geschieht in dem Gefühl ihrer Pflicht als Gattin, daß sie sich hingibt, daß sie alle Neigungen
und Meinungen des Königs teilt ... Indessen ist das Unglück der Zeiten so groß und so grausam gewesen,
daß ihr Augen über viele Dinge geöffnet sind ... Aber die Königin muss eine Stütze finden.

Caroline von Berg an Freiherr vom und zum Stein nach dessen
Wiedereinstellung durch Friedrich Wilhelm III.

Königsberg

In dem kleinen Landhaus »Auf den Huben« vor den Toren Königsbergs lebte Luise mit ihrer Familie, hier fand die Königin wieder neue Zuversicht

Wie rührend erschien sie mir, wie groß im Unglück …
Bewundernswert für den König, ihren Kindern ergeben, ehrerbietig als Tochter,
ausgezeichnet als Schwester, vollkommen als Freundin, begeistert für die Ehre ihres Landes,
war sie das Glück ihres Hauses, der Zauber des Hofes und der Ruhm ihrer Untertanen.

Herzogin Dorothea von Kurland nach einer Begegnung mit der Königin 1807 in Memel

Ich bin wie betäubt und kann mich gar nicht ermannen – unser Schicksal ist zu furchtbar.
Die Königin geht jetzt jeden Morgen und jeden Abend mit dem König allein spazieren
und ist soviel als möglich immer mit ihm, um ihn zu trösten.
Ach, die arme Königin, wie unglücklich ist sie vor allen!

Gräfin Sophie von Voß in ihrem Tagebuch im Juli 1807

Königin Luise mit
ihren Söhnen im
Park von Luisenwahl;
Gemälde von Carl Steffeck
(1818–1890)

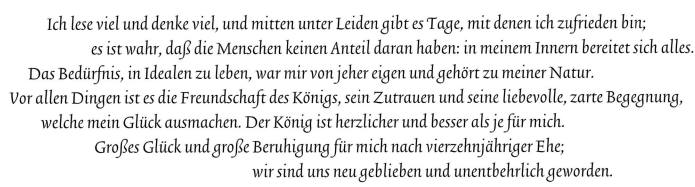

Ich lese viel und denke viel, und mitten unter Leiden gibt es Tage, mit denen ich zufrieden bin;
es ist wahr, daß die Menschen keinen Anteil daran haben: in meinem Innern bereitet sich alles.
Das Bedürfnis, in Idealen zu leben, war mir von jeher eigen und gehört zu meiner Natur.
Vor allen Dingen ist es die Freundschaft des Königs, sein Zutrauen und seine liebevolle, zarte Begegnung,
welche mein Glück ausmachen. Der König ist herzlicher und besser als je für mich.
Großes Glück und große Beruhigung für mich nach vierzehnjähriger Ehe;
wir sind uns neu geblieben und unentbehrlich geworden.

Luise an ihren Vater aus Memel, 1807

Vorgestern vor einem Jahre hatte ich meine erste Unterredung mit Napoleon – gestern vor einem Jahre
meine letzte mit ihm. Ach welche Erinnerung! Was ich da gelitten habe – gelitten mehr um anderer,
als um meinetwillen. Ich weinte, ich bat im Namen der Liebe und Humanität,
im Namen unseres Unglücks und der Gesetze, welche die Welt regieren – und ich war nur eine Frau.
Ein schwaches Wesen und doch erhaben über diesen Widersacher, so arm und matt an Herz.

Luise an Caroline von Berg am 8. Juli 1808

Um zufrieden zu sein in seinem Innern, bedarf man nicht viel des Äußern;
gesunde Luft, Stille, Aussichten ins Freie, einige schattengebende Bäume, ein paar Blumenbeete,
eine Laube reichen hin. Mein Mann und ich, wir sind uns mit den Kindern selbst genug;
und dann habe ich gute Bücher, ein gutes Gewissen, ein gutes Pianoforte, und so kann man
unter den Stürmen der Welt ruhiger leben, als diejenigen, welche die Stürme erregen.

Luise über das Leben in ihrem geliebten Landhaus »Auf den Huben« vor den Toren Königsbergs

Mein Geburtstag war ein Schreckenstag für mich! Abends ein großes, glanzvolles Fest,
das die Stadt mir zu Ehren gab, vorher ein reiches, frohes Mahl im Schlosse – nein,
wie mich das traurig gemacht hat! Das Herz war mir zerfleischt. Ich habe getanzt!
Ich habe gelächelt! Ich habe den Festgebern Angenehmes gesagt,
ich bin freundlich gewesen gegen alle Welt – und ich wußte vor Unglück nicht wohin!

Luise an Caroline von Berg am 12. März 1809, zwei Tage nach ihrem Geburtstag

Königin Luise betet am Altar in Königsberg, nach einem Gemälde von Meno Haas (1752-1833)

Dann habe ich nur einen Wunsch – auszuwandern, weit weg,
als Privatleute zu leben und zu vergessen – wo möglich! Ach Gott,wohin ist es mit Preußen gekommen!
Verlassen aus Schwachheit – verfolgt aus Übermut –
geschwächt durch Unglück – so müssen wir untergehen!

Luise an Caroline von Berg aus Memel am 10. Oktober 1807

Ist doch alles in der Welt nur Übergang!
Wir müssen durch, sorgen wir nur dafür, daß wir mit jedem Tage reifer und besser werden.

Luise im April 1808

Rückzug auf die Familie

Die königliche Familie, links Luise, oben in der Mitte Friedrich Wilhelm

Ich kann Dir nicht genug beschreiben, lieber Fritz, wie sehr gestern abend Dein Brief
mich angenehm überraschte. Du hast den Zweck, mir Freude zu machen, gewiß nicht verfehlt,
und ich danke Dir herzlich dafür, mein teures, geliebtes Kind. Ich hoffe, nächstdem soll
wahrer Vorteil Dir auch noch durch die Erlernung dieser europäischen Sprache werden ...
Ich bin ferner überzeugt, guter Fritz, daß der gestrige frohe Tag in jeder Hinsicht
ein wichtiger Tag für Dich war. Aus der ersten Kindheit bist Du nun heraus,
und ernstes Nachdenken tritt nun an die Stelle von mancher Spielerei ... Gott segne Dich, gutes Kind,
und lasse Dich heranwachsen zum Segen Deiner Eltern und Geschwister und Freunde.
Deine zärtliche Mutter Luise

Luise an ihren Sohn, den zwölfjährigen Kronprinzen Friedrich Wilhelm, aus Memel am 16. Oktober 1807.
Fritz hatte ohne Wissen seiner Eltern die englische Sprache zu erlernen begonnen und seine Mutter mit
der Übersendung seines englischen Taschenbuches und eines englischen Briefes überrascht.

Unsere Kinder sind unsere Schätze, und unsere Augen ruhen voll Zufriedenheit und Hoffnung auf ihnen. Der Kronprinz ist voller Leben und Geist. Er hat vorzügliche Talente, die glücklich entwickelt und gebildet werden. Er ist wahr in allen seinen Empfindungen und Worten, und seine Lebhaftigkeit macht Verstellung unmöglich ... Für das Witzige hat er viel Empfänglichkeit, und seine komischen, überraschenden Einfälle unterhalten uns sehr angenehm ... Ich habe ihn sehr lieb und spreche oft mit ihm davon, wie es sein wird, wann er einmal König ist.

Unser Sohn Wilhelm ... wird, wenn mich nicht alles trügt, wie sein Vater, einfach, bieder und verständig. Auch in seinem Äußeren hat er die meiste Ähnlichkeit mit ihm; nur wird er, glaube ich, nicht so schön. Sie sehen, lieber Vater, ich bin noch in meinen Mann verliebt. Unsere Tochter Charlotte macht mir immer mehr Freude; sie ist zwar verschlossen und in sich gekehrt, verbirgt aber, wie ihr Vater, hinter einer scheinbar kalten Hülle ein warmes, teilnehmendes Herz. Scheinbar gleichgültig geht sie einher; hat aber viel Liebe und Teilnahme. Daher kommt es, daß sie etwas Vornehmes in ihrem Wesen hat ...

Carl ist gutmütig, fröhlich, bieder und talentvoll; körperlich entwickelt er sich eben so gut als geistig. Er hat oft naive Einfälle, die uns zum Lachen reizen. Er ist heiter und witzig. Sein unaufhörliches Fragen setzt mich oft in Verlegenheit, weil ich es nicht beantworten kann und darf; doch zeugt es von Wißbegierde – zuweilen, wenn er schlau lächelt, auch von Neugierde. Er wird, ohne die Teilnahme an dem Wohl und Wehe anderer zu verlieren, leicht und fröhlich durchs Leben gehen.

Unsere Tochter Alexandrine ist, wie Mädchen ihres Alters und Naturells sind, anschmiegsam und kindlich. Sie zeigt eine richtige Auffassungsgabe, eine lebhafte Einbildungskraft und kann oft herzlich lachen. Für das Komische hat sie viel Sinn und Empfänglichkeit. Sie hat Anlage zum Satirischen und sieht dabei ernsthaft aus, doch schadet das ihrer Gemütlichkeit nicht.

Von der kleinen Luise läßt sich noch nichts sagen. Sie hat das Profil ihres redlichen Vaters und die Augen des Königs, nur etwas heller ... Da habe ich Ihnen, geliebter Vater, meine ganze Galerie vorgeführt. Sie werden sagen: das ist einmal eine in ihre Kinder verliebte Mutter, die an ihnen nur Gutes sieht und für alle Mängel und Fehler keine Augen hat. Und in Wahrheit, böse Anlagen, die für die Zukunft besorgt machen, find ich an allen nicht. Sie haben, wie andere Menschenkinder, auch ihre Unarten; aber diese verlieren sich mit der Zeit, so wie sie verständiger werden. Umstände und Verhältnisse erziehen den Menschen, und für unsere Kinder mag es gut sein, daß sie die ernste Seite des Lebens schon in ihrer Jugend kennenlernen. Wären sie im Schoße des Überflusses und der Bequemlichkeit groß geworden, so würden sie meinen, das müsse so sein. Daß es aber anders kommen kann, sehen sie an dem ernsten Angesicht ihres Vaters und an der Wehmut und den öfteren Tränen der Mutter.

Luise an ihren Vater aus Königsberg, 1808

Die Kinder König Friedrich Wilhelms und Königin Luises:
Prinz Karl, Prinzessin Charlotte, Kronprinz Friedrich
Wilhelm, Prinz Wilhelm, Prinzessin Alexandrine
(von links nach rechts), im Kissen Prinzessin Luise

Kronprinz Friedrich Wilhelm, der spätere König
Friedrich Wilhelm IV. von Preußen (1795-1861)

Prinz Wilhelm,
der spätere Kaiser Wilhelm I. (1797-1888)

Prinzessin Charlotte (1798-1860)

Prinz Karl (1801-1883)

Prinzessin Alexandrine (1803–1892)

Prinzessin Luise (1808–1870)

Prinz Albrecht (1809–1872)

Reise nach St. Petersburg

Kaiser Alexander I. von Russland,
der Gastgeber des preußischen Königspaares;
Gemälde von Elisabeth Vigée-Lebrun
(1755–1842)

Im Januar 1809 fuhr das preußische Königspaar an den Hof von St. Petersburg. Sowohl in politischer wie menschlicher Hinsicht bedeutete diese Reise eine schmerzliche Enttäuschung für Luise. Nach ihrer Rückkehr schrieb sie ernüchtert: »Ich bin gekommen, wie ich gegangen, nichts blendet mich mehr.«

Dabei hatte sie gerade diese Reise mit den schönsten Hoffnungen angetreten. Drei Wochen war sie in Petersburg zu Gast bei Kaiser Alexander, seiner Gemahlin Kaiserin Elisabeth – mit der sie sich anfreundete – und der Mutter des Zaren. Alexander überschüttete das preußische Königspaar mit Geschenken und Komplimenten, beeindruckte es mit dem unermesslichen Reichtum des russischen Hofes. Eine unendliche Folge von Festen, Bällen, Redouten, Empfängen, Galadiners, Ausflügen, Besichtigungen und Theateraufführungen erschöpfte Luise schließlich so sehr, dass sie sich immer mal wieder mit Fieber, Husten und Heiserkeit zurückziehen mußte.

Zu persönlichen Begegnungen mit Alexander kam es entgegen ihrer Erwartung kaum – der Zar wich Gesprächen mit ihr unter vier Augen geschickt aus. So fuhr die Königin vollkommen desillusioniert nach Königsberg zurück.

Das Winterpalais in St. Petersburg

Empfang König Friedrich
Wilhelms III. und Königin
Luises durch Kaiser Alexander I.
vor den Toren St. Petersburgs
am 7. Januar 1809. An der
Spitze der König und der Zar

Rückkehr nach Berlin

Die Heimkehr der königlichen Familie: Einzug durch das Bernauer Tor in Berlin am 23. Dezember 1809. An der Spitze des Zuges: König Friedrich Wilhelm III.

In vielen ihrer Briefe, die Luise im Frühjahr 1809, in der Zeit nach dem Besuch in St. Petersburg, schrieb, beklagte sie immer wieder die desaströse Lage Preußens: »Über uns ist noch nichts entschieden, wenn wir gehen; denn wir erwarten Kuriere aus Petersburg und Paris und Wien. Ach Gott, was wird es noch werden? ... Mit Tränen seh' ich dem 10. entgegen, der mir sonst immer so viel Freude machte.« Der 10. März, ihr Geburtstag! Ein weiterer Krieg Frankreichs gegen Österreich, für das Luise viel Sympathie empfand und von dessen Erfolg oder Misserfolg viel für Preußen abhing, stand bevor, und diesmal würde Russland an der Seite Frankreichs kämpfen. Friedrich Wilhelm gab in der Öffentlichkeit nach wie vor ein so kümmerliches Bild ab, dass sie Gerüchten über seine bevorstehende Abdankung hilflos gegenüberstand. »Mein Geburtstag war ein Schreckenstag für mich«, gestand Luise ihrer Freundin Caroline von Berg. »Das Herz war zerfleischt. Ich habe getanzt! Ich habe gelächelt, ich habe höfliche Dinge gesagt, und ich wußte vor Unglück nicht wohin. Wem wird Preußen in einem Jahr gehören? Wo werden wir alle zerstreut sein?«

Nur zu gern wäre Luise endlich wieder nach Berlin zurückgekehrt. Luise hatte sogar Napoleon in einem Brief darum gebeten, doch ohne Erfolg. Erst nachdem Österreich am 14. Oktober mit Frankreich den Frieden zu Wien geschlossen hatte, stand der Fahrt des preußischen Königspaares in seine Hauptstadt nichts mehr im Wege. Sechzehn Jahre nach ihrem umjubelten Einzug als Braut sollte die Königin die Stadt wiedersehen, die ihr mittlerweile zur Heimat geworden war. Aus Königsberg hatte sie mit sehnsüchtigen Gefühlen geschrieben: »Es ist ordentlich ein Heimweh, was mich dahin zieht. Und mein Charlottenburg! Und alles mein, sogar mein lieber, tiefer Sand, den lieb' ich.« Als schließlich die Erlaubnis eintraf, konnte Luise ihr Glück kaum fassen; in einem Brief an ihren Bruder schrieb sie: »Es wird einem ganz elend vor Seligkeit, wenn man recht daran denkt ... An zwei Momente vor allem kann ich nicht denken, ohne daß mir die Tränen in die Augen kommen, nämlich, wenn ich zum erstenmal die Türme von Berlin wiedersehen werde, und dann, wenn mein Wagen von der Brücke nach links biegen wird und ich fühle, wie ich die Rampe des Schlosses hinauffahre.«

Im Dezember 1809 war es soweit: Friedrich Wilhelm und Luise bestiegen die Kutsche Richtung Berlin. Jubel brandete auf, als das Königspaar durch die Hauptstadt zog. Als Luise vor dem Schloss von ihrem Vater in Empfang genommen wurde, konnte sie ihre Tränen nicht zurückhalten.

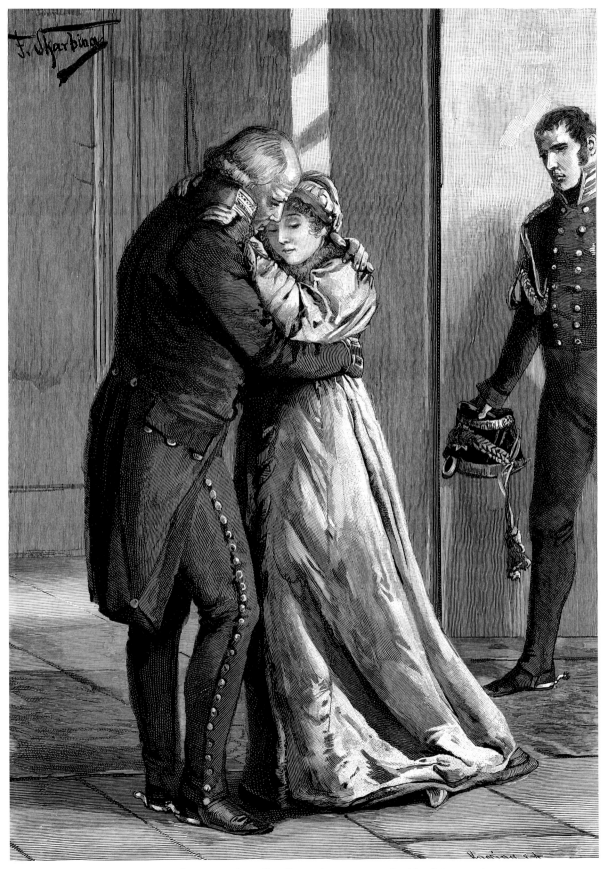

Wiedersehen der Königin Luise mit ihrem Vater in Berlin; Illustration von Franz Skarbina (1849–1910)

Das letzte Lebensjahr

Die moderne Geschichtsschreibung weist kein ähnliches Beispiel von Reinheit,
Glanz und schuldlosem Dulden auf, und wir müssen bis in die Tage des frühen Mittelalters zurückgehen,
um Erscheinungen von gleicher Lieblichkeit ... zu begegnen. Königin Luise dagegen
stand inmitten des Lebens, ohne daß das Leben einen Schatten auf sie geworfen hätte.
Wohl hat sich die Verleumdung auch an ihr versucht; aber der böse Hauch vermochte den Spiegel
nicht auf die Dauer zu trüben. Mehr als von der Verleumdung ihrer Feinde
hat sie von der Phrasenhaftigkeit ihrer Verherrlicher zu leiden gehabt.
Sie starb nicht am »Unglück ihres Vaterlandes«, das sie freilich bitter genug empfand. Übertreibungen,
die dem einzelnen seine Gefühlswege vorschreiben wollen, reizen nur zum Widerspruch.

Theodor Fontane

Stein und Hardenberg

Unermüdlich hatte sich Luise dafür eingesetzt, die Regierungsgeschäfte Karl Freiherr vom und zum Stein zu übertragen. Obwohl der König ihn im Januar 1807 in schroffer Form als einen »widerspenstigen, trotzigen, hartnäckigen und ungehorsamen Staatsdiener« entlassen hatte, berief er ihn nach dem Frieden von Tilsit wieder in sein Amt zurück.

Als Stein endlich eintraf und sich bald neue Schwierigkeiten auftürmten – er verlangte unmittelbaren Zugang zum König und die Entlassung des Kabinettsrats Beyme – rang ihm Luise die Zustimmung eines vorläufigen Kompromisses ab: »Daß um Gottes willen das Gute nicht um drei Monate Geduld und Zeit über den Haufen falle. Ich beschwöre Sie um König, Vaterland, meiner Kinder, meiner selbst willen darum: Geduld!«

Obwohl Stein zuweilen undiplomatisch vorging und ein unbequemer Charakter war, schätzte Luise seine Fähigkeiten auf dem Gebiet der Staatsführung überaus hoch ein. Immer wieder erwähnte sie den Freiherrn in ihren Briefen. Ihr unbegrenztes Vertrauen in sein Können widerspiegelt ein Schreiben, das ihr Bruder Georg bald nach der Ankunft des Staatsmannes erhielt: »Das Elend ist jetzt ohne Grenzen, allein es ist noch manche Kraft unerwacht, manche Quelle nicht aufgetan ... Und der große Meister ist ja bei uns, der dieses alles beleben kann und wird, da Talent und Wille, Kraft und Energie beisammen ist.«

Stein nahm die dringend notwendige Reform des Staatswesens mit der ihm eigenen Durchsetzungsfähigkeit in Angriff und machte auch Vorschläge, um vor allem die preußischen Domänen zwischen Elbe und Oder dem drohenden Zugriff Napoleons zu entziehen, nach deren Abtretung der König nicht mehr Souverän in seinem eigenen Land gewesen wäre. Nachdem Stein durch persönliche Verhandlungen in Berlin spürbare Fortschritte erzielt hatte, schrieb die Königin beruhigt an Caroline von Berg: »Ich bin sehr glücklich, daß er hier ist; ich versichere Ihnen, wenn ich ihn an der Spitze der Geschäfte weiß, dann ist es, als könnte ich mich aufrechter halten.«

Mit Karl August Fürst von Hardenberg war Luise auch persönlich befreundet. Dieser Staatsmann diente Preußen in verschiedenen Ämtern, unter anderem als Regierungschef und Außenminister. Mehrfach von Napoleon abgelehnt, erfreute sich Hardenberg des besonderen Vertrauens des preußischen Königspaares, das ihn auch in geheimer Mission – etwa zu Verhandlungen mit Russland – einsetzte. Der Name Hardenberg kam Luise selbst in ihrer Todesstunde noch vertrauensvoll über die Lippen.

Karl August Freiherr von Hardenberg

Karl Reichsfreiherr vom und zum Stein

Nehmen Sie, mein würdiger Freund, meinen aufrichtigsten Dank für Ihren Wiedereintritt in das Ministerium.
Gott wolle mit Ihnen sein bei dem großen Werke, das Sie begonnen haben,
und Ihnen gelehrige und treue Werkzeuge in den Männern geben, die Sie wählen,
Ihnen zu gehorchen und zu helfen in der großen Arbeit, die auf Ihnen lastet.
Ich bin weit ruhiger, seit ich Sie an der Spitze von allem weiß.

Luise an Hardenberg im Juni 1810

Meine Seele ist grau geworden durch Erfahrungen und Menschenkenntnis; aber mein Herz ist jung.
Ich liebe die Menschen; ich hoffe so gern und habe allen, ich sage allen meinen Feinden verziehen ...
In diesen wenigen Zeilen hast Du mein ganzes Bild, und wenn Du mir folgst, so wirst Du immer in allen
meinen Handlungen diese Grundlinien meines Seins wiedererkennen.

Luise an ihre Schwester Therese, 1810

Wieder in Berlin

Nach der Rückkehr des Königspaares gab es nun am Hof in Berlin Empfänge, Bälle, Paraden wie zu früheren Zeiten. Über allem aber lag ein nur ungewisser Friede: »Wir sind immer noch höchst unglücklich. Indessen ist das Leben hier in Berlin erträglicher als in Königsberg. Es ist wenigstens ein glänzendes Elend ... während es in Königsberg wirklich ein elendes Elend war«, schrieb Luise im Januar 1810 an Hardenberg.

An dem letzten Geburtstag, den die Königin erlebte, erreichte die politische Krise angesichts der dauernd neuen, drohenden Forderungen des Siegers, der sich an keine Absprachen gebunden fühlte, ihren Höhepunkt. Der französische Kaiser forderte die Abtretung Schlesiens, sollten seine finanziellen Forderungen nicht unverzüglich erfüllt werden: »Napoleon ist ganz toll mit seinen Forderungen und hat uns alle in den tiefsten Kummer gestürzt«, klagte Luise kurz nach ihrem Geburtstag dem Vater. »Ich kann und darf in dieser Krisis den König nicht verlassen; er ist sehr unglücklich und bedarf einer treuen Seele, auf die er sich verlassen kann ...« Noch am Abend ihres Geburtstagsfestes verhandelte Luise auf einem Ball mit dem Fürsten Wittgenstein über geeignete Mittel und Wege, das nötige Geld aufzubringen.

Außerdem arbeitete die Königin an einer Denkschrift, die an Entschlossenheit nicht zu übertreffen war und sich vor allem gegen die ängstliche Erfüllungspolitik der amtierenden Regierung richtete. Doch der lange, von zahlreichen Rückschlägen gezeichnete Kampf hatte ihre Kräfte erschöpft. Sie fühlte sich nach dem erbitterten Ringen um die Rettung Schlesiens und der Angst, die sie um ihre schwer erkrankte kleine Tochter ausgestanden hatte, zum ersten Mal an der Grenze ihrer Kräfte: »Diese Zeit vergesse ich nie. Sie war fürchterlich, und ich beinah erschöpft.«

Es klang wie ein Abschiednehmen in den Briefen aus dem letzten Frühjahr 1810: »Mir scheint, als hätte ich Potsdam wie Charlottenburg nie so schön wie dieses Frühjahr gesehen. Ich sitze auf einem Balkon vor meinen Fenstern und schreibe Ihnen bei göttlicher Wärme und dem köstlichen Geruch von tausend Veilchen, mit denen ich meinen Tisch umgeben habe.« Immer wieder auch Rückblicke auf ihr Leben: »Es gibt Wunden, die unheilbar sind ... Meine Seele ist grau geworden durch Erfahrungen und Menschenkenntnis, aber mein Herz ist noch jung.«

Wie jung das Herz der Königin noch fühlen konnte, offenbaren die von kindlichem Jubel überströmenden Freudenbriefe, in denen sie ihren Verwandten den langersehnten Besuch in der Mecklenburger Heimat ankündigte. Keiner ahnte, wie nah ihr der Tod war, als sie strahlend die Fahrt zum Vater und zu ihren Geschwistern antrat. Doch ihrer Reisebegleitung fiel auf, dass sie beim Überschreiten der preußischen Grenze eine plötzliche Wehmut überwältigte.

Am 25. Juni traf Luise in Neustrelitz ein, drei Tage später kam der König aus Berlin nach. »Nun erst bin ich ganz glücklich«, bemerkte sie zu ihrem Bruder Georg. Zum ersten Mal durfte sie ihren Gemahl im Hause des Vaters in Mecklenburg begrüßen.

Königin Luise

Die letzte Reise

Schloss Hohenzieritz in
Mecklenburg-Strelitz.
Hier starb Luise am
19. Juli 1810

Die Tage in Neustrelitz verliefen jedoch nicht in ungetrübter Ausgelassenheit. Mehrmals fühlte Luise sich unwohl, musste sie sich zurückziehen. Doch niemand ahnte, dass dies ihre letzten Tage inmitten der Menschen war, die ihr alles bedeuteten. Das Glück schien ihr zum Greifen nah; in heiterer und verspielter Gelöstheit genoss sie das Zusammensein mit ihrer Familie und mit Friedrich Wilhelm, eine letzte kurze Zeit ohne Verpflichtungen und Sorgen.

Wir reisten um sechs Uhr ab nach Mecklenburg.
Den Morgen über war die Königin sehr heiter; aber als wir uns der Grenze näherten,
überkam sie plötzlich eine rätselhafte Traurigkeit.
Einige Augenblicke war sie ganz von derselben übermannt und fast beängstigt;
aber sie faßte sich rasch wieder, und es ging vorüber.

Gräfin Sophie von Voß in ihrem Tagebuch am 25. Juni 1810

Ich bin so glücklich, wenn ich daran denke, daß ich Euch beinahe acht Tage in Neustrelitz sehen werde und die gute Großmama, daß ich ordentliche Krampolini kriegen könnte. Ich verkneif' mir aber wahrhaft die Freude, weil so oft, wenn ich mich gar zu ausgelassen gefreut habe, ein Querstrich gekommen ist, und solche Kreuz- und Querstriche wären vraiment affreux jetzt ... Einen Tag werde ich wohl Cour haben müssen, der Dezenz wegen, weil es mir sonst möchte übel genommen werden; doch alles, wie Papa es will ... Hussassa tralala, bald bin ich bei Euch ... Dicke Milch und etwas Erdbeeren schafft dem König zum Tee, wenn das letztere in denen Frimaten noch nicht so rötet; so sagts Papa nicht, sonst ängstigt es ihn ... Da der Rex kömmt, so kostet es mir nichts als Stubenaufwartung, was nicht zu verwerfen ist, da ich nun einmal sehr schenerös bin. Mon dieu, je suis toll. Ich habe Euch soviel zu verzählen tun. Die gute Alte (die Großmama), hätte ich nur Geld für sie und Friederike nach Karlsbad, mais je suis une pauvresse. Wenn ich nur eine halbe Million hätte, die das Schlaf- zimmer in Compiègne gekostet hat von Marie Louise ... Ich bin noch nicht avanciert als im Glück, welches mich bald mit Euch vereinigt ... Heute ist es warm und windig, und in meinem Kopf sieht es aus wie in einem illuminierten Guckkasten. Alle Fenster mit gelben, roten und blauen Vorhängen sind hell erleuchtet. Hussa Teufelchen! – Adieu! Nun will ich der Großmama vernünftig schreiben. Eure Luise.« Und auf die Rückseite des Briefbogens schreibt sie den Satz: »Wir bringen keinen Arzt mit; wenn ich den Hals breche, so klebt ihn mir Hieronymi (der Leibarzt ihres Vaters) wieder an.«

Luise an ihre Geschwister, Juni 1810

Bester Päp, ich bin tull und varucky. Eben diesen Augenblick hat mir der gute, liebevolle König die Erlaubnis gegeben, zu Ihnen zu kommen, bester Vater. Ich bin ganz toll, muß mich aber sammeln, da mir der König eine Menge Aufträge an Sie gegeben hat. Noch einmal, ich komme – den Montag komme ich, bleibe den Dienstag und Mittwoch allein, dann kommt der König, bleibt den Donnerstag und Freitag, und wünscht den Sonnabend nach Rheinsberg zu gehen, bleibt noch den Sonntag bei Ihnen und geht Montag wieder mit mir weg! Halleluja! ... Ich glühe vor Freude und schwitze wie ein Braten, denn eben ist es erst nach Tisch ausgemacht worden. Gott, wie freue ich mich. Nein, ich kann es gar nicht beschreiben ... Ich bitte tausendmal um Verzeihung über das Geschmier, bin aber tull vull und varucky ...

Luise an ihren Vater aus Berlin am 19. Juni 1810

Luises Tod

Am 28. Juni ging die Reise nach Hohenzieritz weiter. Dort erlebte Luise an der Seite Friedrich Wilhelms einen frohen Tag in dem schönen Park des väterlichen Schlosses. Zwei Tage später bekam sie eine Lungenentzündung, die sich ab dem 16. Juli stetig verschlimmerte. Tage und Nächte dauerte der unbarmherzige Kampf gegen die Krankheit, gegen den Tod.

Als Friedrich Wilhelm, der zwischenzeitlich wieder nach Berlin zurückgekehrt und selbst krank geworden war, am Morgen des 19. Juli gegen fünf Uhr wieder in Hohenzieritz eintraf, lag Luise schon im Sterben. Wie während ihres ganzen gemeinsamen Lebens war sie auch in diesem Augenblick liebevoll besorgt um ihn, der die Fahrt zu ihr im offenen Wagen gemacht hatte.

Als Friedrich Wilhelm sie nach ihrem letzten Wunsch fragte, antwortete sie: »Dein Glück und die Erziehung der Kinder!« Immer schwerer fiel es Luise, Luft zu bekommen. Ein letzter Seufzer. »O Jesu, mach es leicht.« Wenig später drückte der König ihr die Augen zu.

Faksimile der letzten Zeilen der Königin Luise

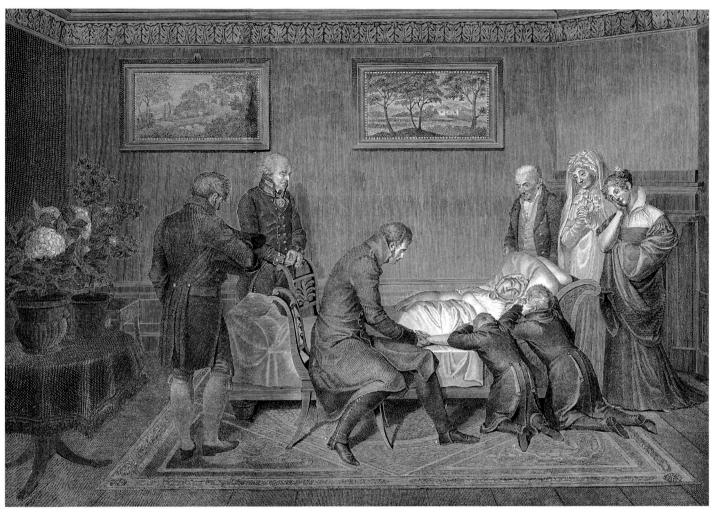

Tod der Königin Luise in Gegenwart ihres Gemahls Friedrich Wilhelm, sitzend am Bett, und ihrer beiden ältesten Söhne (kniend) sowie ihres Vaters, Herzog Karl von Mecklenburg (zweiter von links). Hinter dem Bett in der Mitte Gräfin von Voß (die Oberhofmeisterin), neben ihr Caroline von Berg

Mon cher père.
Je suis bien heureuse aujourd'hui, comme Votre fille,
et comme Épouse du meilleur des Époux!
Neustrelitz; le 28. juin 1810.
Louise.

(Mein lieber Vater! Ich bin heute sehr glücklich, als Ihre Tochter und als die Frau des besten der Männer!)
Luises letzte zu Papier gebrachten Worte, zurückgezogen und unbemerkt am Schreibtisch ihres Vaters von ihr aufgeschrieben und erst nach ihrem Tode aufgefunden

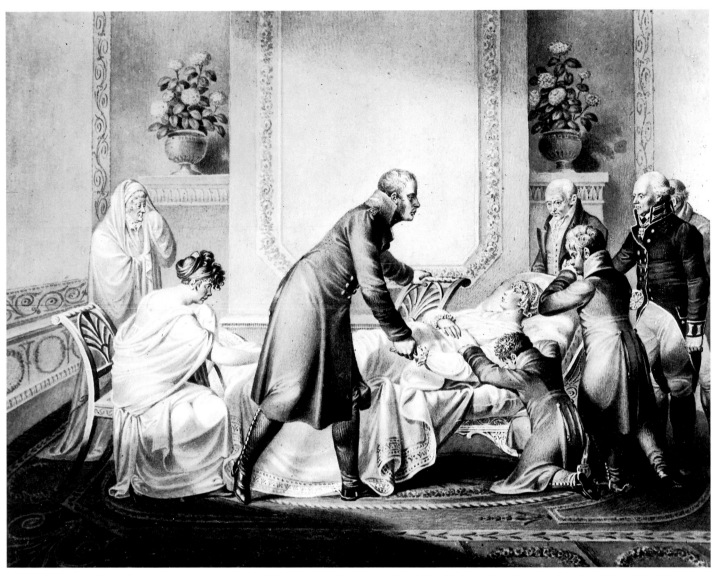

Eine andere Darstellung der Sterbeszene. Am Kopfende des Bettes Luises Vater, Friedrich Wilhelm stehend in der Mitte des Bildes, die beiden Söhne kniend, am Fußende Caroline von Berg (sitzend) und Sophie von Voß

Es ist nicht möglich, daß es Gottes Wille sein kann, uns zu trennen.
Ich bin ja nur durch dich glücklich,
und nur durch dich hat das Leben allein noch Reiz für mich.
Du bist ja mein einziger Freund, zu dem ich Zutrauen habe.

Friedrich Wilhelm zu Luise am Sterbebett, wenige Stunden vor ihrem Tod

Endlich gegen fünf Uhr kam der König; aber die Königin hatte bereits den Tod
auf der Stirn geschrieben! – Und doch – wie empfing sie ihn? – mit welcher Freude umarmte und küßte sie ihn,
und er weinte bitterlich! Der Kronprinz und Prinz Wilhelm waren mit ihm gekommen;
so viel die arme Königin es nur vermochte, versuchte sie noch immer zu sprechen;
sie wollte so gern immer noch zum König reden, ach, und sie konnte es nicht mehr! – so ging es fort,
und sie wurde immer schwächer. Der König saß auf dem Rand des Bettes, und ich kniete davor;
er suchte die erkalteten Hände der Königin zu erwärmen; dann hielt er die eine und legte die andere in meine Hände,
um daß ich sie warm reiben sollte. Es war etwa neun Uhr. Die Königin hatte ihren Kopf sanft auf die Seite geneigt
und die Augen fest gen Himmel gerichtet. Ihre großen Augen weit geöffnet und aufwärts blickend,
sagte sie: »Ich sterbe, o Jesu, mach es leicht!« – Ach, das war ein Augenblick, wie niemand ihn je vergißt!
Ich bat den König, ihr die Augen zuzudrücken; denn der letzte Atem war entflohen.

Gräfin Sophie von Voß in ihrem Tagebuch am 19. Juli 1810

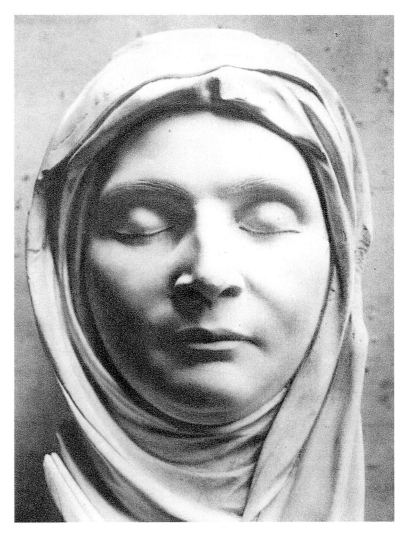

Totenmaske der Königin Luise

Trauer

Es ist unmöglich, die allgemeine Erschütterung zu schildern, die die Nachricht
vom Tode der Königin hervorgerufen hat. Jeder Preuße hält sich für verwaist,
und keine Fürstin ist jemals so aufrichtig, so allgemein betrauert worden.

Bericht des österreichischen Gesandten aus Berlin am 20. Juli 1810

Der Tod Luises erschütterte das ganze Land. Es war, als hätte Preußen seine Seele verloren.
Friedrich Wilhelm hat den Verlust Luises nie überwunden. »Ich verliere mit ihr, was mir das
Teuerste auf der Welt war. All mein Glück ist zerstört und erst seit diesem Augenblick kann ich
sagen, daß ich wahrhaft unglücklich bin. Mit einem Wort, sie war mein Alles!«, schrieb er am
30. Juli 1810 an seine Schwägerin Therese. Sein Schmerz ging so weit, dass er sich mit Todesgedan-
ken trug und noch 1810 sein Testament machte. Und auch als der erste schwere Schlag überwunden
war, vergaß er nie, was Luise ihm bedeutet hatte. Der Schmerz ging in sein Leben ein, wurde ein
Teil seiner selbst, wie er am 4. Juli in einem Brief an Luises Vater, Herzog Karl von Mecklenburg,
gestand: »Mir ist mein Schmerz vertraut geworden, und ich lebe seit jener grausamen Epoche nur
noch in den Erinnerungen der vergangenen Jahre.«

Doch die Trauer um ihren frühen Tod, alle Bitterkeit scheint zu verfliegen vor dem gelösten
Ausdruck auf dem Gesicht, den ihr letztes Bild zeigt. »Als sie tot war, entstand eine solche Verklärung auf ihrem Gesicht, besonders auf ihrer Stirn, daß es unmöglich war, durch die Phantasie ein
Bild davon zu entwerfen. Im Munde lag etwas, welches andeutete: es ist vollbracht!«, schrieb Caroline von Berg, ihre Freundin, am Schluss ihres dem Andenken der Königin gewidmeten Buches.

Der Tod der Königin hat viel Trauer erregt; am Tage, wo es hier bekannt wurde,
ließ der Hofmarschall im Palais ein Bulletin darüber ausgeben;
man hat viele weinend aus dem Hause kommen sehen. Beim Leichenzuge herrschte eine große Stille,
und man sah überall auf der Straße Weinenende aus allen Ständen;
es war auch dadurch sehr rührend, daß er die Linden herunter stattfand, auf demselben Wege,
auf dem sie einst bei ihrer Einholung als Braut gefahren war; so viele hatten sie damals gesehen.

Wilhelm von Gerlach an seinen Bruder Leopold, 1810

Vollständige Beschreibung

des

traurigen Zuges

der

hohen Leiche

Ihrer Majestät

der

hochseligen Königin Louise

von

Hohenzieritz nach Berlin

und

des am 27sten Juli 1810 erfolgten feierlichen Einzugs
in die Stadt nach dem Königl. Schlosse.

Nebst

zwei darauf passenden schönen Gedichten.

Berlin,
zu haben in der Zürngiblschen Buchdruckerey, an der Spandauer Brücke No 2

Titelblatt der Beschreibung des Trauerzuges

Luisendenkmal von Karl Friedrich Schinkel in Gransee. Hier war in der Nacht zum 26. Juli 1810 der Sarg mit der sterblichen Hülle der Königin Luise auf dem Weg nach Berlin aufgestellt worden

Der Tod der Königin Luise von Preußen ist der härteste Schlag, der diesen Staat jetzt noch treffen konnte.
Mit ihr verschwindet nicht allein das einzige wahre Lebenselement,
das diese absterbende Maschine noch beseelte, sondern auch die einzige große Dekoration,
die ihr ein gewisses äußeres Ansehen noch erhielt.
Friedrich von Gentz am 10. August 1810

Jene innere, stillere Wirksamkeit des Gemüts, welche sie auf den König, ihren Gemahl,
ausgeübt hat, stärkend, beruhigend, erheiternd, im häuslichen Kreise ein Glück bereitend,
zu dem er immer sicher zurückkehren konnte; ein Bild innerer Schönheit darstellend,
vor welchem alles andere verschwand, die Wirksamkeit,
die sie ausgeübt auf jene schönen Hoffnungen besserer Zeiten, ihren köstlichsten Nachlaß;
einpflanzend eben jenes Bild in die Gemüter der königlichen Kinder, welches sie auf immer festhalten wird
bei dem Guten und Schönen ... Darauf laßt uns sehen; so werden wir bezeugen müssen,
wieviel sie gewirkt hat, und Gott preisen mitten in Schmerz und Trauer für den Reichtum seiner Gnade.
Friedrich Schleiermacher in seiner Gedächtnispredigt am 5. August 1810

Der Tod der Königin ist ein wahrhaftiges, öffentliches Unglück für Preußen;

er ist es in gewisser Hinsicht sogar für ganz Deutschland,

und diejenigen, die das Glück hatten, dieser Fürstin näher zu treten,

haben einen unersetzlichen Verlust erlitten ... Sie hatte im höchsten Grade die Gabe,

zu beseelen, zu ermutigen, zu beleben und wieder zu beruhigen

allein schon durch die Gegenwart, selbst in gefahrvollen Augenblicken;

sie erkannte alle Talente; sie besaß die Kunst, selbst diejenigen zu entdecken,

die sich am wenigsten selbst hervortaten.

Wilhelm von Humboldt am 29. August 1810

Königin Luise von Preußen
(posthum 1810);
Porträtzeichnung von
Johann Gottfried Schadow
(1764-1850)

Kult und Verklärung

Luise war tatsächlich eine Königin, wie es sie sonst nur im Märchen gibt.
Zumindest war sie so angelegt: jung, schön, lustig, charmant, modisch, vergnügungssüchtig,
dabei mitfühlend und großzügig, ein weiches Herz, ein bißchen oberflächlich vielleicht,
gründlich ungebildet, aber von einer Erscheinung,
daß selbst hartgesottenen Gesandten aus fremden Ländern der Atem stockte und sie sich in ihrer
Begrüßungsansprache verhedderten, wenn sie erschien.

Heinz Ohff

Der Mythos Luise

Ihr Leben war uns ein Blumengarten voll Tau,
und wie sich die Blumen bewegten,
zeigten sich die reinen Tauperlen als neue Edelsteine;
da nahm die Sonne die vom Himmel gesandten Tropfen wieder hinauf –
und die Blumen standen als ihre Zypressen da.

Jean Paul

Marmorstatue der Königin Luise,
geschaffen nach ihrem Tod

Um die außergewöhnliche Verehrung der Königin Luise von Preußen entstehen, andauern und sich über ganz Deutschland ausbreiten zu lassen, mußten verschiedene Ereignisse und Umstände zusammenkommen. Schönheit und Anmut mußten selten gewesen sein auf preußischen Thronen; bürgerliche Tugenden mußten öffentliche Wertschätzung genießen; ein früher Tod mußte die Königin in der Erinnerung jung erhalten, Preußen die schlimmste Niederlage seiner Geschichte erleiden, und die Periode seiner Demütigungen mußte siegreich zu Ende gehen.

Daß aber Luise, die siebente von insgesamt elf preußischen Königinnen, für das Deutsche Reich von 1871 mit dem Hohenzollernkaiser an der Spitze zu einer Art Ursprungsmythos werden konnte, hing sowohl mit dem zu ihren Lebzeiten erstarkenden deutschen Nationalbewußtsein und der besonderen Rolle Preußens in den Befreiungskriegen zusammen als auch – und das in erster Linie – mit ihrem Sohn Wilhelm, der sechzig Jahre nach ihrem Tode deutscher Kaiser wurde ...

Und da sie zu den blonden und blauäugigen Schönheiten gehörte, eignete sie sich auch vom Äußeren her für eine Lichtgestalt deutscher Art.

Günter de Bruyn

Das Marmordenkmal der Königin Luise
im Berliner Tiergarten, 1880 enthüllt

Wie oft, wenn ich allein bin, weine ich um die geliebte Königin heiße Tränen! Wenn ich zurückdenke,
was sie ihrem Gemahl, was sie ihren Kindern, was sie ihren Freunden war – wie ganz Güte und Huld sie für mich war,
mehr, wie ich es sagen kann –, wie ihr größtes Glück darin bestand, andere zu erfreuen, andern zu helfen,
und auf welch unvergleichliche Weise sie es tat – immer und überall, so viel sie nur vermochte, und wie untröstlich sie war,
wenn eine Unmöglichkeit ihr entgegentrat und sie nur einmal ihrem edlen Gefühl nicht folgen konnte.

Gräfin Sophie von Voß in ihrem Tagebuch am 15. Oktober 1811

Gott im Himmel, sie muß für uns zu gut gewesen sein.
Es ist doch unmöglich, daß einen Staat so viel aufeinanderfolgendes Unglück treffen kann als den unsern.
In meiner jetzigen Stimmung ist mir nichts lieber, als daß ich erführe, die Welt brenne an allen vier Enden.

Gebhard Leberecht von Blücher nach Erhalt der Nachricht vom Tode der Königin

Einst wird die ferne Zeit kommen, die uns um die Freude über das Große und Schöne,
das wir besaßen, beneidet; denn sie hat die Schmerzen vergessen,
unter denen wir es scheiden sahen. Ach, die Wolken sind uns jetzt größer als die Sonne; denn sie sind uns näher.

Jean Paul in seinen dem Bruder der Königin, dem damaligen Erzherzog Georg gewidmeten
»Schmerzlich tröstenden Erinnerungen an den neunzehnten Julius 1810«

Das Mausoleum

Detail vom Sarkophag

In das von Friedrich Wilhelm III. erbaute Mausoleum im Park des Schlosses Charlottenburg wurden die sterblichen Überreste der Königin am 23. Dezember 1810 überführt – ein Jahr nach Luises Rückkehr aus der Verbannung und siebzehn Jahre nach dem triumphalen Einzug der jungen Braut in Berlin. Das kleine Gebäude – im antiken Stil errichtet – wird auf allen Seiten von Bäumen, von Fichten und Lärchen, Eiben und Zypressen geschützt.

Hinter einer massiven Tür dringt blaues Licht durch ein Glasdach und überflutet den Sarkophag der Königin. In weißem Marmor ruht sie in Lebensgröße wie eine Schlafende, den Kopf leicht zur Seite geneigt, mit verschränken Armen, in die Besucher oft Veilchen legen.

Dieses Denkmal im Innern des Tempels ist von dem Bildhauer Christian Daniel Rauch erschaffen worden. Zwei Jahre arbeitete er daran. Einst war er in Luises Diensten, und die Königin hatte ihm geholfen, sein künstlerisches Talent zur Entfaltung zu bringen. Nun stellte er es in ihren Dienst – die ruhende Gestalt scheint in wunderbarer Weise alles das auszudrücken, was die Zeitgenossen an ihrer Königin berührt hatte.

Das Mausoleum im Park
von Schloss Charlottenburg

Der vom Bildhauer Christian Daniel Rauch geschaffene Sarkophag

An die Königin von Preussen

Erwäg' ich, wie, in jenen Schreckenstagen,
Still Deine Brust verschlossen, was sie litt,
Wie Du das Unglück mit der Grazie Tritt,
Auf jungen Schultern herrlich hast getragen,

Wie von des Kriegs zerrißnem Schlachtenwagen
Selbst oft die Schar der Männer zu Dir schritt,
Wie trotz der Wunde, die Dein Herz durchschnitt,
Du stets der Hoffnung Fahn' uns vorgetragen:

O Herrscherin, die Zeit dann möcht' ich segnen!
Wir sahn Dich Anmut endlos niederregnen,
Wie groß Du warst, das ahndeten wir nicht!

Dein Haupt scheint wie von Strahlen mir umschimmert;
Du bist der Stern, der voller Pracht erst flimmert,
Wenn er durch finstre Wetterwolken bricht!

Heinrich von Kleist

ZEITTAFEL

1741	Geburt von Prinz Karl Ludwig Friedrich von Mecklenburg-Strelitz, in erster Ehe verheiratet mit Friederike Karoline Luise von Hessen-Darmstadt. Die Eltern von Luise haben fünf Kinder: Charlotte, Therese, Luise, Friederike und Georg.
1776	Am 10. März wird Prinzessin Luise von Mecklenburg-Strelitz in Hannover geboren.
1778	Geburt von Prinzessin Friederike, Luises Schwester; 1793 verheiratet mit Ludwig, Prinz von Preußen und Bruder Friedrich Wilhelms III. Nach dem Tod Ludwigs heiratet Friederike 1798 den Prinzen von Solms-Braunfels; nach dessen Tod heiratet sie 1815 Ernst August, Herzog von Cumberland, ab 1837 König von Hannover.
1779	Geburt von Georg, dem Bruder Luises, nach dem Tod des Vaters ab 1816 Großherzog von Mecklenburg-Strelitz.
1782	Tod von Luises Mutter am 22. Mai, die Erziehung der Kinder wird Baronin Magdalene von Wolzogen übertragen.
1784	Am 28. September heiratet Luises Vater die Schwester seiner verstorbenen Frau, Charlotte von Hessen-Darmstadt; sie stirbt jedoch schon am 12. Dezember 1785 im Wochenbett.
1786	Im Frühjahr kommen die drei Schwestern Therese, Luise und Friederike zur Großmutter nach Darmstadt, Marie Luise Albertine, Prinzessin von Hessen-Darmstadt (Prinzessin George); die älteste Schwester, Charlotte heiratete im November 1785 im Alter von fünfzehn Jahren Herzog Friedrich von Sachsen-Hildburghausen. Am 17. August stirbt Friedrich der Große; ihm folgt sein Neffe Friedrich Wilhelm II. auf den preußischen Königsthron, der Vater Friedrich Wilhelms III.
1790	Anlässlich der Kaiserkrönung Leopolds II. reist Luise mit ihren Geschwistern nach Frankfurt am Main; dort sind sie zu Gast im Haus der Mutter Johann Wolfgang von Goethes.
1792	Nach dem Tod Leopolds II. am 1. März erfolgt die Krönung seines Sohnes Franz II. zum römisch-deutschen König und Kaiser am 5. Juli (die letzte Kaiserkrönung vor der Auflösung des Heiligen Römischen Reiches deutscher Nation im Jahr 1806). Luise und Friederike nehmen wieder an den Feierlichkeiten teil. Erster Koalitionskrieg (1792–1797): Frankreich gegen Österreich und Preußen, ab 1793 auch Großbritannien, Holland, Spanien, Sardinien, Neapel, Portugal, Heiliges Römisches Reich Deutscher Nation. Sieg der Franzosen am 20. September 1792 bei Valmy. Daraufhin geht Prinzessin George mit ihren Enkelkindern zu Luises ältester Schwester nach Hildburghausen. Nach der Rückeroberung Frankfurts am 2. Dezember kehrt die Familie über Frankfurt nach Darmstadt zurück. Erste Begegnung von Luise und Kronprinz Friedrich Wilhelm, der seinen Vater auf dem Feldzug gegen die Franzosen begleitet.
1793	Verlobung von Kronprinz Friedrich Wilhelm und Luise sowie deren Schwester mit Prinz Ludwig von Preußen am 24. April in Darmstadt. Heirat der beiden Brautpaare am 24. Dezember in Berlin.
1795	Geburt von Kronprinz Friedrich Wilhelm (der spätere König Friedrich Wilhelm IV.).
1796	Friederikes Ehemann Prinz Ludwig von Preußen stirbt.
1797	Am 16. November stirbt in Potsdam Friedrich Wilhelm II. Luises Mann übernimmt als Friedrich Wilhelm III. den preußischen Königsthron, Luise wird Königin von Preußen. Geburt von Prinz Friedrich Wilhelm Ludwig (der spätere Kaiser Wilhelm I.).
1798	Nach der Heirat mit dem Prinzen Solms muss Luises Schwester Friederike Berlin verlassen. Geburt von Prinzessin Charlotte (später verheiratet mit Zar Nikolaus I.).
1799	Beginn des zweiten Koalitionskrieges (1799–1802): Frankreich gegen Großbritannien, Russland (bis Oktober 1799), Österreich, Portugal, Neapel, Osmanisches Reich; Preußen bleibt neutral. Luise trifft mit Johann Wolfgang von Goethe, Friedrich von Schiller und Christoph Martin Wieland in Weimar zusammen. Geburt der Prinzessin Friederike (sie stirbt schon 1800).
1800	Russland und Preußen schließen einen Bündnisvertrag für die Dauer von acht Jahren. Sieg der Franzosen über die Österreicher in der Schlacht bei Marengo.
1801	Nach der Ermordung von Zar Paul I. wird sein Sohn, Alexander I., russischer Kaiser. Geburt von Prinz Karl.
1802	In einem Sonderabkommen erkennt Frankreich die Ansprüche Preußens in Nordwestdeutschland an; Patent Friedrich Wilhelms III. zur Annexion der betreffenden Gebiete. Treffen des preußischen Königspaares mit Zar Alexander I. in Memel.

1803 Geburt von Prinzessin Alexandrine.

1804 Zar Alexander I. kündigt in einer Deklaration vom 4. Mai das gemeinsame Vorgehen Preußens und Russlands zum Schutz Norddeutschlands vor den Franzosen an.
Friedrich Wilhelm III. beruft Heinrich Friedrich Karl Freiherr vom und zum Stein als Finanz- und Handelsminister in die zentrale Staatsverwaltung.
Krönung Napoleons zum Kaiser der Franzosen am 2. Dezember.
Geburt von Prinz Ferdinand (er stirbt 1806).

1805 Dritter Koalitionskrieg: Frankreich, Spanien und die süddeutschen Staaten gegen Großbritannien, Russland, Österreich, Schweden und Neapel. Am 2. Dezember besiegt Napoleon in der »Dreikaiserschlacht« bei Austerlitz die Armeen des russischen Zaren und des Kaisers von Österreich. Im Frieden von Pressburg muss Österreich harte Friedensbedingungen akzeptieren.
Friedrich Wilhelm III. und Zar Alexander unterzeichnen am 3. November in Potsdam einen Beistandspakt.
Am 15. Dezember akzeptiert Friedrich Wilhelm III. auf den Druck Napoleons hin mit dem Schönbrunner Vertrag ein Offensiv- und Defensivbündnis mit Frankreich.

1806 Die Kurfürstentümer Bayern und Württemberg, Verbündete von Napoleon, werden Königreiche.
Friedrich Wilhelm III. ordnet in Preußen die Demobilmachung an.
Preußische Truppen marschieren in das in Personalunion mit Großbritannien verbundene Hannover ein, das ihm im Schönbrunner Vertrag zugesprochen wurde. Preußen muss dafür die Markgrafschaft Ansbach an Bayern und das Herzogtum Kleve sowie das Fürstentum Neuchâtel an Frankreich abgeben.
Karl August von Hardenberg wird am 24. April nach zweijähriger Amtszeit als preußischer Außenminister verabschiedet.
Königin Luise weilt vom 15. Juni bis zum 25. Juli zur Kur in Bad Pyrmont.
Friedrich Wilhelm III. und Zar Alexander erlassen im Juli eine Deklaration über ein Bündnis zwischen Preußen und Russland.
Brüskiert über Meldungen, dass Napoleon in Verhandlungen mit Großbritannien Hannover wieder zur Disposition gestellt habe, ordnet der preußische König die Mobilmachung an und fordert am 26. September von Frankreich ultimativ die Räumung der besetzten rechtsrheinischen Gebiete. Am 9. Oktober erlässt er ein Kriegsmanifest gegen Frankreich, damit beginnt der vierte Koalitionskrieg (1806/07): Frankreich und die Rheinbundstaaten gegen Preußen, Kursachsen (bis Dezember 1806), Sachsen-Weimar, Braunschweig, Russland (formell ab April 1807). Am 10. Oktober fällt Louis Ferdinand, Prinz von Preußen, bei Saalfeld im Kampf gegen die Franzosen, am 14. Oktober wird das preußisch-sächsische Heer in der Doppelschlacht bei Jena und Auerstedt vernichtend geschlagen, am 27. Oktober zieht Napoleon durch das Brandenburger Tor in Berlin ein.
Flucht der preußischen Königsfamilie nach Königsberg, Ankunft dort am 9./10. Dezember.

1807 Königin Luise flieht mit ihren Kindern Anfang Januar über die Kurische Nehrung weiter bis nach Memel.
Friedrich Wilhelm III. entlässt am 3. Januar Karl Reichsfreiherr vom und zum Stein nach dessen Weigerung, in ein nicht-reformiertes Kabinett als Außenminister einzutreten; im Juni erneuert Stein die »Nassauer Denkschrift« mit den Forderungen nach einer preußischen Kabinetts- und Verwaltungsreform; seine Wiedereinstellung erfolgt am 30. September.
Ernennung Karl August Graf von Hardenbergs zum leitenden Minister, der jedoch auf Drängen Napoleons am 5. Juli wieder entlassen wird.
Sieg Napoleons über Russland am 14. Juni bei Friedland, daraufhin Waffenstillstand zwischen Frankreich, Russland und Preußen.
Das Treffen Königin Luises mit Kaiser Napoleon am 6. Juli in Tilsit endet ohne Ergebnis. Im Tilsiter Frieden vom 7. Juli muss Preußen alle von Napoleon gestellten Bedingungen akzeptieren; Preußen verliert u. a. die westelbischen Territorien und alle Neuerwerbungen infolge der polnischen Teilungen, darüber hinaus muss Preußen 400 Millionen Taler Kriegsentschädigung an Frankreich abführen.
Das von Freiherr vom und zum Stein erlassene Tilsiter Edikt zur Bauernbefreiung leitet umfangreiche Verwaltungsreformen in Preußen ein.

1808 Rückkehr der preußischen Königsfamilie nach Königsberg.
Auf dem Erfurter Fürstentag am 2. Oktober schließen Zar Alexander von Russland und Kaiser Napoleon einen Allianzvertrag.
Am 19. November setzt Friedrich Wilhelm III. die von Stein ausgearbeitete Städeordnung in Kraft.
Nachdem Stein sich einem Brief über einen eventuellen Aufstand gegen Napoleon geäußert hat, muss er von seinem Amt zurücktreten; er flieht aus Preußen.
Das preußische Königspaar bricht am 27. Dezember nach Petersburg auf, bis Ende Januar 1809 sind Luise und Friedrich Wilhelm III. zu Gast am Hof Zar Alexanders.
Geburt der Prinzessin Luise.

1809 Österreich erklärt Frankreich den Krieg; Österreichs Aufruf zum Widerstand gegen die napoleonische Besetzung bleibt ohne Widerhall in den deutschen Staaten. Fünfter Koalitionskrieg: Frankreich und die Rheinbundstaaten gegen Österreich, Tirol und norddeutsche Aufständische. Am 31. Juni fällt der preußische Offizier Ferdinand von Schill, der mit seinem Freiwilligenkorps eine allgemeine Erhebung gegen die französische Besetzung auslösen wollte. Am 14. Oktober beendet der Frieden von Schönbrunn der Widerstand Österreichs.
Rückkehr der preußische Königsfamilie aus Königsberg nach Berlin am 23. Dezember.
Geburt von Prinz Albrecht.

1810 Friedrich Wilhelm III. beruft den Reformer Karl August von Hardenberg am 6. Juni zum preußischen Staatskanzler.
Königin Luise besucht ihren Vater; sie erkrankt an einer Lungenentzündung und verstirbt am 19. Juli auf dem väterlichen Landgut in Hohenzieritz in Mecklenburg. Am 27. Juli erreicht der Trauerzug Berlin. Die endgültige Beisetzung Luises, der Königin von Preußen, findet am 23. Dezember im Mausoleum im Schlosspark von Charlottenburg statt.

STAMMTAFEL FRIEDRICH WILHELMS III.

Friedrich Wilhelm I.
»Soldatenkönig«
(1688–1740)
verh. mit Sophie Dorothea
von Hannover
(1687–1757)

Friedrich II. der Große	August Wilhelm	Heinrich	Ferdinand	weitere Kinder:
(1712–1786)	(1722–1758)	(1726–1802)	(1730–1813)	Wilhelmine, Markgräfin v. Bayreuth (1709–1758)
verh. mit Elisabeth Christine	verh. mit Luise von	verh. mit Wilhelmine	verh. mit Luise von	Friederike Luise, Markgräfin v. Ansbach (1714–1784)
von Braunschweig-Bevern	Braunschweig-Wolfenbüttel	von Hessen-Kassel	Brandenburg-Schwedt	Philippine Charlotte, Sophie, Ulrike, Amalie
(1715–1797)	(1722–1780)	(1726–1808)	(1738–1820)	

Friedrich Wilhelm II.	Heinrich	Wilhelmine	Emil	Luise	Louis Ferdinand	August
(1744–1797)	(1747–1767)	(1751–1820)	(1758–1759)	(1770–1836)	(1772–1806)	(1779–1843)
verh. mit Elisabeth von		verh. mit Wilhelm V.		verh. mit		
Braunschweig-Wolfenbüttel		von Nassau-Oranien		Anton Heinrich	weitere Kinder:	Friederike (1761–1773)
(1746–1840)		(1748–1806)		Fürst von Radziwill		Friedrich (1769–1773)
2. Ehe mit Friederike Luise				(1775–1833)		Heinrich (1771–1790)
von Hessen-Darmstadt						Friedrich (1776)
(1751–1805)						

erste Ehe: Friederike	zweite Ehe: Friedrich Wilhelm III.	Louis	Wilhelmine (»Mimi«)	Auguste	Heinrich	Wilhelm
(1767–1820)	(1770–1840)	(1773–1796)	(1774–1837)	(1780–1841)	(1781–1846)	(1783–1851)
verh. mit Friedrich,	verh. mit Luise von	verh. mit Friederike von	verh. mit Wilhelm I.,	verh. mit Wilhelm,		verh. mit Maria Anna
Herzog von York	Mecklenburg-Strelitz	Mecklenburg-Strelitz	König der Niederlande	Kurfürst von Hessen-Kassel		von Hessen-Homburg
(1763–1827)	(1776–1810)	(1778–1841)	(1772–1843)	(1777–1847)		(1785–1846)

Friedrich Wilhelm IV.	Wilhelm I.	Charlotte	Friederike	Karl	Alexandrine	Ferdinand	Luise	Albrecht
(1795–1861)	(1797–1888)	(1798–1860)	(1799–1800)	(1801–1883)	(1803–1892)	(1804–1806)	(1808–1870)	(1809–1872)
verh. mit Elisabeth	verh. mit	verh. mit		verh. mit	verh. mit		verh. mit	2 Ehen mit
von Bayern	Auguste von	Zar Nikolaus I.		Marie von	Paul Friedrich		Prinz Friedrich	Marianne
(1801–1873)	Sachsen-Weimar	von Russland		Sachsen-Weimar	von Mecklenburg-		der Niederlande	der Niederlande
					Schwerin		(1797–1881)	(1810–1883)
	(1811–1890)	(1796–1855)		(1808–1877)	(1800–1842)			Gräfin Hohenau
								(1820–1879)

STAMMTAFEL DER KÖNIGIN LUISE

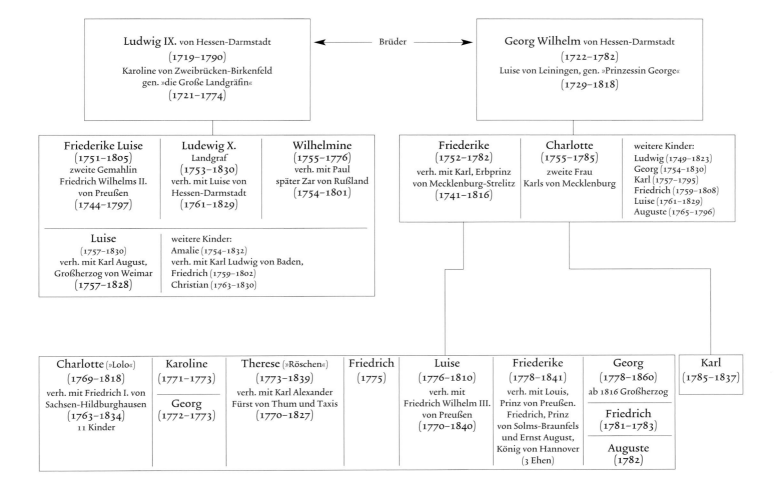

Ludwig IX. von Hessen-Darmstadt
(1719–1790)
Karoline von Zweibrücken-Birkenfeld
gen. »die Große Landgräfin«
(1721–1774)

← **Brüder** →

Georg Wilhelm von Hessen-Darmstadt
(1722–1782)
Luise von Leiningen, gen. »Prinzessin George«
(1729–1818)

| **Friederike Luise** (1751–1805) zweite Gemahlin Friedrich Wilhelms II. von Preußen (1744–1797) | **Ludewig X.** Landgraf (1753–1830) verh. mit Luise von Hessen-Darmstadt (1761–1829) | **Wilhelmine** (1755–1776) verh. mit Paul später Zar von Rußland (1754–1801) |

| **Luise** (1757–1830) verh. mit Karl August, Großherzog von Weimar (1757–1828) | weitere Kinder: Amalie (1754–1832) verh. mit Karl Ludwig von Baden, Friedrich (1759–1802) Christian (1763–1830) |

| **Friederike** (1752–1782) verh. mit Karl, Erbprinz von Mecklenburg-Strelitz (1741–1816) | **Charlotte** (1755–1785) zweite Frau Karls von Mecklenburg | weitere Kinder: Ludwig (1749–1823) Georg (1754–1830) Karl (1757–1795) Friedrich (1759–1808) Luise (1761–1829) Auguste (1765–1796) |

| **Charlotte** (»Lolo«) (1769–1818) verh. mit Friedrich I. von Sachsen-Hildburghausen (1763–1834) 11 Kinder | **Karoline** (1771–1773) — **Georg** (1772–1773) | **Therese** (»Röschen«) (1773–1839) verh. mit Karl Alexander Fürst von Thum und Taxis (1770–1827) | **Friedrich** (1775) | **Luise** (1776–1810) verh. mit Friedrich Wilhelm III. von Preußen (1770–1840) | **Friederike** (1778–1841) verh. mit Louis, Prinz von Preußen. Friedrich, Prinz von Solms-Braunfels und Ernst August, König von Hannover (3 Ehen) | **Georg** (1778–1860) ab 1816 Großherzog — **Friedrich** (1781–1783) — **Auguste** (1782) | **Karl** (1785–1837) |

LITERATUR (AUSWAHL)

Hans von Arnim: Königin Luise, Berlin 1969

Paul Bailleu: Königin Luise. Ein Lebensbild, Berlin und Leipzig 1908

Jürgen Bialuch (Hrsg.): Gestalten um Königin Luise, Reutlingen 1996

Günter de Bruyn: Preußens Luise. Vom Entstehen und Vergehen einer Legende, Berlin 2001

Hertha Federmann: Königin Luise im Spiegel ihrer Briefe, Berlin 1939

Ingrid Feix (Hrsg.): Wohl oder übel muß ich armes Weibsen dran. Anekdoten um Königin Luise, Berlin 1999

Jan van Flocken: Königin Luise. Biographie, Berlin 1989

Dagmar von Gersdorff: Königin Luise und Friedrich Wilhelm III. Eine Liebe in Preußen, Berlin 1996

Luise Prinzessin von Mecklenburg-Strelitz: Die Reise an den Niederrhein und nach Holland 1791

Das Tagebuch der späteren Königin von Preußen. Übersetzt und mit einem Kommentar von Guido de Wird,
      herausgegeben von Paul Hartig, München 1987

Gertrud Mander: Königin Luise, Berlin 1981

Friedrich Ludwig Müller: Luise. Aufzeichnungen über eine preußische Königin, Bonn 1999

Heinz Ohff: Ein Stern in Wetterwolken. Königin Luise von Preußen. Eine Biographie, München 1989

Malve Gräfin Rothkirch (Hrsg.): Königin Luise von Preußen. Briefe und Aufzeichnungen 1786-1810. Mit einer
      Einleitung von Hartmut Boockmann, München 1985 (mit der umfangreichsten, wenn auch nicht vollständigen
      Bibliographie)

Erhard Schwabe: Luise von Preußen. Königin in schwerer Zeit, Lausanne 1971

Wolf Jobst Siedler: Auf der Pfaueninsel, Berlin 1987

Thomas Stamm-Kuhlmann: König in Preußens großer Zeit. Friedrich Wilhelm III., der Melancholiker auf
      dem Thron, Berlin 1992 (mit ausführlicher Bibliographie)

Merete van Taack: Königin Luise, Tübingen 1978

Merete van Taack: Alexander I., Tübingen 1983

Merete van Taack: Friederike, die galantere Schwester der Königin Luise. Im Glanz und Schatten der Höfe,
      Düsseldorf 1987

Johannes Thiele: Luise. Königin von Preußen. Das Buch ihres Lebens, München 2003 (mit umfangreicher
      Bibliographie)

BILDNACHWEIS

Archiv für Kunst und Geschichte, Berlin: 33, 43, 53, 54, 65, 68 o., 76 o., 77 o., 82 u., 83 o., 97, 99,
 132, 134, 141, 149 o., 152, 161 o., 172 r., 177, 193 o., 216 u.
Bildarchiv Foto Marburg: 34, 35, 72
Bildarchiv Preußischer Kulturbesitz, Berlin: 14 o., 15, 24 r., 41, 45 l., 49, 63, 66, 73, 77 u.r., 78 l.,
 78 r., 79, 80, 84, 88, 89, 93, 106, 109 o., 109 u.r., 110 r., 119 o., 125, 124, 138 o.l., 138 o.r., 138 u.,
 161 u., 150, 162, 163 o., 163 u., 165, 171 o., 173, 176, 185, 187, 199 l., 206, 215, 216 o.
Deutsches Historisches Museum, Berlin: 85, 115, 137
Geheimes Staatsarchiv - Preußischer Kulturbesitz/BPK, Berlin: 123, 153 o., 157, 170, 181, 201, 209
Historisches Museum Frankfurt a.M./Horst Ziegenfusz: 28
Interfoto, München: 11, 69, 71 u.r., 96, 111 o., 143, 188
Marie Luise Preiss, Bad Honnef: 197, 214, 217
Preußenmuseum Nordrhein-Westfalen, Wesel: 121
Rheinisches Bildarchiv der Stadt Köln: 37
Stiftung Preußische Schlösser und Gärten Berlin-Brandenburg, Potsdam/Jörg Anders: 17, 81
Stiftung Preußische Schlösser und Gärten Berlin-Brandenburg, Potsdam/Roland Handrick: 101, 109 u.l.
Stiftung Preußische Schlösser und Gärten Berlin-Brandenburg, Potsdam/Daniel Lindner: 213
Stiftung Preußische Schlösser und Gärten Berlin-Brandenburg, Potsdam/Gerhard Murza: 61, 117
Stiftung Preußische Schlösser und Gärten Berlin-Brandenburg, Potsdam/Wolfgang Pfauder: 45 r.
Staatliche Museen zu Berlin - Preußischer Kulturbesitz, Kupferstichkabinett: 129 o.
Staatliche Museen zu Berlin - Preußischer Kulturbesitz, Zentralarchiv: 78 m.
Stadtarchiv Mainz BPS 339.1B.: 42
Stadtmuseum Berlin/Voithenberg: 105
Ullstein Bild, Berlin: 13 o., 25, 95, 98 o., 149 u.l.
Alle übrigen Abbildungen stammen aus Privatbesitz oder wurden den Werken »Das Buch von der Königin Luise«
(herausgegeben 1883 von Georg Horn, Jubiläumsausgabe 1913), »Die Königin Luise in fünfzig Bildern für Jung und Alt«
(von Carl Roechling, Richard Knötel und Woldemar Friedrich, Berlin 1896) und »Königin Luise. Historische
Bilddokumente« (herausgegeben von Georg Schuster, Berlin 1934) entnommen.

Verzeichnis der Künstler von den Bildnissen Luises auf den Einleitungsseiten der einzelnen Kapitel:

Das Bildmaterial wurde von Konstantin Gerszewski zusammengestellt

© 2003 Nicolaische Verlagsbuchhandlung GmbH, Berlin
Umschlagentwurf: Christina Krutz Design
Druck: Aumüller Druck, Regensburg
Bindung: Kunst- und Verlagsbuchbinderei, Leipzig

ISBN 3-89479-094-6